JUST HIERARCHY

正序论

汪 沛
［加］贝淡宁
（Daniel A. Bell）

著

现代社会的平等、正义与秩序

Why Social Hierarchies
Matter in China
and the Rest of the World

中信出版集团｜北京

图书在版编目（CIP）数据

正序论 / 汪沛，（加）贝淡宁著 . -- 北京：中信出
版社，2022.6
书名原文：Just Hierarchy: Why Social
Hierarchies Matter in China and the Rest of the
World
ISBN 978-7-5217-4374-6

Ⅰ . ①正… Ⅱ . ①汪… ②贝… Ⅲ . ①平等－研究
Ⅳ . ① D081

中国版本图书馆 CIP 数据核字（2022）第 076423 号

正序论
著者： 汪沛 ［加］贝淡宁
出版发行：中信出版集团股份有限公司
（北京市朝阳区惠新东街甲 4 号富盛大厦 2 座 邮编 100029）
承印者：捷鹰印刷（天津）有限公司

开本：880mm×1230mm 1/32 印张：8 字数：184 千字
版次：2022 年 6 月第 1 版 印次：2022 年 6 月第 1 次印刷
京权图字：01–2020–5155 书号：ISBN 978-7-5217-4374-6
定价：69.00 元

版权所有·侵权必究
如有印刷、装订问题，本公司负责调换。
服务热线：400–600–8099
投稿邮箱：author@citicpub.com

献给所有囿于不公正等级的人

目录

专家推荐

[该书]用剔透玲珑、引人入胜的散文写成……是英文世界有史以来，为中国乃至其他地方的儒家社会和政治价值观改革提供的最令人信服的案例。

——詹姆斯·汉金斯（James Hankins），
哈佛大学历史学教授，《美国事务》

《正序论》会激怒一些人，也会安抚一些人，但最重要的是，它会引发反思。等级到底出了什么问题？如何避免这些问题？贝淡宁和汪沛认为我们应该接受的"正义等级"的特征是什么？在一系列的语境中，这本可读性极强的书提供了答案。

——安靖如 (Stephen C. Angle)，
美国维思大学哲学系教授

人人平等是西方进步人士最神圣的原则。该书作者打破这一共识，为受儒家传统所启发的社会正序提出了强有力的论证。他们不是在为大家长、国王、奴隶主或雅利安"超人"辩护，而是讨论社会中各种基于价值和道德差异的排序。该书迫使我们批判性地重新考量我们的平等主义承诺，同时面对我们的虚伪。因为尽管我们反对等级，但无论是在牛津大学的高台餐桌旁、专属的海滩度假胜地、公司董事会，还是在别的基于啄序的空间，等级无处不在。

——卡洛斯·弗伦克尔（Carlos Fraenkel），
麦吉尔大学哲学与宗教学教授

该书的精彩之处在于它提出了一个没有人问过的问题。很多人，包括我自己，都写过关于平等以及为什么我们应该追求平等的文章。但是没有人写过哪些社会层级秩序仍旧可以是合法的，甚至是正义的。该书的研究旨在重新构建问题，并从多种不同的角度来看待这一主题，在阅读时我感到非常兴奋。该书的作者做出了杰出的工作。

——艾维纳·德夏里特（Avner de-Shalit），
希伯来大学政治哲学教授

贝淡宁和汪沛，一对哲学家夫妻，"进步的保守主义者"，走进中国山东省的宴席，开始讨论主客座次背后的（通常是儒家的）基本原理。甚至在他们能让你明白什么时候开始喝酒、和谁一起喝、怎么喝、喝多久之前，你也会思考等级文化可能基于何种道德理由。开场白温和而又清晰，该书是一部独特的人类学哲学作品。

——李圭（Kyoo Lee），
纽约市立大学哲学系教授

《正序论》在理智上非常具有启发性。它邀请我们重新审视关于等级观念的一些最根深蒂固的假设。该书清晰、易读、有趣，而且极具话题性。

——让-马克·夸克（Jean-Marc Coicaud），
美国罗格斯大学法律与全球事务教授

等级和平等问题是当代关注的主要问题，主流声音主张平等，反对等级。这本挑战传统认知的重要著作与这一趋势背道而驰，在捍卫等级方面做出了与众不同的举动。从跨文化的角度来看，《正序论》很有说服力，但仍有争议，并将引起严肃的辩论。

——李晨阳，
新加坡南洋理工大学哲学教授

该书中最令人印象深刻的那些部分，以生动的对话形式写成，并附有大量极具挑战性的例子，迫使读者去理解亚洲社会中有关等级的文化价值。

——拉纳·米特（Rana Mitter），
牛津大学中国研究中心主任，《金融时报》

中文版序言

汪沛　贝淡宁

　　我们开始构思和写作这本书是在 2017 年年初，彼时唐纳德·特朗普在国会山宣誓就任美国第 45 任总统；英国正式启动"脱欧"程序；韩国史上第一位遭弹劾下台的总统朴槿惠抵达首尔中央地方检察厅接受调查；德国政府开始推行"Starthilfe Plus"计划，以金钱资助鼓励寻求庇护者自愿返回母国。2017 年夏季，南亚地区的极端降雨使得印度、尼泊尔和孟加拉国遭受严重的洪灾。2017 年下半年，美国加利福尼亚州频繁遭遇山火；伊拉克总理阿巴迪宣布极端组织"伊斯兰国"（ISIS）在摩苏尔的统治已被彻底推翻；沙特的女性终于不再被开车禁令束缚；泰国前总理英拉在面临法院判决前出逃海外；英国菲利普亲王正式退休……世界在我们面前展开和演变的速度似乎越来越快。

　　与此同时，世界各国学术界交流频繁，共同体、部落主义、民粹主义是当时政治哲学界最为热门的话题。可以说这本书是对那个特定时期的世界的一个回应。我们曾经觉得相对稳定甚至固定的世界一下子变化得有点快，但我们希望世界的变化可以趋向于更多元、更进步。对于自由和平等的形式化讨论已经无力回应当时的世界，仅仅通过沉思抽象的平等概念无法带领我们到达更具体、更实质的公正。所以我们尝试通过直面"等级"概念来做一个迂回。

本书的英文书名是 *Just Hierarchy*，它一方面表达着我们想讨论伦理上可辩护的等级层序的可能性，另一方面也表达着这本书所讨论的"仅仅是等级而已"。考虑到这个书名可能杀伤面太广，看到这个书名的人可能很容易给我们贴上"守旧派""老封建""开倒车"等各种标签，尽管我们并非如此。本书是以基本个人权利作为前提和基础的，我们认为所有人都应该享有迈克尔·沃尔泽所说的"薄的"人权：我们都有权利不遭受酷刑、不被奴役、不被谋杀和不遭受种族歧视。[①] 这不是一本写给奴隶主、封建贵族、大资本家和大家长的书，旧时代的不正义的等级并不是我们辩护的对象，我们要辩护的是伦理上可以证成的社会层序，它可以是一种改革的指引，甚至是革命的依据。

---

① Michael Walzer, *Thick and Thin: Moral Argument at Home and Abroad* (Notre Dame, IN: University of Notre Dame Press, 1994).

然而，言词总是至关重要的。"等级"这个词在任何语言中都含有太多贬义，我们在一开始甚至根本找不到一个稍微中性一点的词语来翻译"hierarchy"——我们仅仅是想表达根据一定的社会价值所进行的排序。最早我们直接把"just hierarchy"翻译成"正义等级"，后来王刚毅老师建议把"hierarchy"翻译成"层秩"，阎学通老师认为翻译成"层序"也很好，我们觉得这两个中文词都相对更为中性。至于"just hierarchy"，陈建洪老师建议翻译为"正序"，非常简约明了。我们在中文版会根据上下文的语境来选用相应的词语以翻译"hierarchy"和"just hierarchy"。

事实上，在古代哲学中有一种比较近似的表达，只是当时使用的并不是"等级"这个词语，而是"成比例的公正"："人们都同意，分配的公正要基于某种配得，尽管他们所要（摆在第一位）的并不是同一种东西。民主制依据的是〔一个人能够去做慷慨的事的〕自由身份，寡头制依据的是财富，有时也依据高贵的出身，贵族制则依据德性。所以，公正在于成比例。"[①]"基于某种配得"也就是这种有比例的公正的伦理证成，有比例自然就有差异，有差异也自然有排序，等级层序的观念其实已经呼之欲出。但我们也不想直接使用"成比例的公正"

---

① 亚里士多德著，廖申白译注：《尼各马可伦理学》，商务印书馆，2003年，第135页（1131a25–30）。

来替换"等级"，毕竟我们要讨论的不仅仅是分配公正。同时我们需要再度澄清的是：人的尊严，人人配得。我们需要承认古今之别当中的深刻鸿沟。

本书分别讨论了基于不同伦理证成的五种社会关系中的层序关系：1）在家庭中，根据年龄可以有一种流动的、灵活互换的层序；2）在国家中，根据贤能选拔官员，辅以一定民主开放的色彩，拥有公民的信任，如此在执政者和普通公民之间可以有一种合理的层序；3）在国际秩序中，正义的等级关系的特征可以是弱互惠性（两国都从等级关系中获得工具性的利益）或强互惠性（强国和弱国都能够从双方的视角总体地来看问题，而不仅仅是从自己国家的视角看）；4）在人与动物的关系中，我们认为建立以人类为尊的道德等级是可辩护的，但前提是原则上禁止残忍对待动物；5）在人与智能机器的关系中，机器应该服务于人。

可以看到的是，我们无意在总体性的意义上维护等级制度。我们完全反对那种等级式的世界观，也就是把世界上所有人、社会组织、动物、智能机器都囊括在同一个等级次序下的排列方式。我们在本书中仅仅讨论了五种具体的社会关系中的层序，而且每种不同的社会关系需要不同的伦理证成来作为排序的基础，相互不可通约。

对于这五种社会关系的选择，我们也收获了很多提问和批判。然而，选择这五种社会关系并非出于偶然。首先，从家庭关系，到公民关系、国际关系，再到人与动物的关系、人与智能机器的关系，对于每个伦理主体来说是由近及远的。按照儒家思考伦理问题的习惯，家是我们最早的伦理实践的场所，因此我们也先从家庭内部开始讨论。其次，这五种等级层序内部其实也有一个质地的差异。总的来说，家庭内部的层序是最为柔性的，最充满爱和情感，灵活性也最高，而在由近及远的关系中，这种柔性和灵活性是次第降低的，到了人与机器的关系就是比较严格且不可以逆转的主从关系了。不过，还有很多别的社会关系中的等级层秩也是值得讨论的，例如军队中的等级、宗教中的等级、大型公司中的层级、政党内部的层序、教育体制内的层序……我们期待对于这些主题能够有更多新的研究。

本书比较明显的不足之处也恰恰在于我们讨论的社会关系比较具体，而且基本立足于中国。然而全球化的进程势不可挡，人的伦理和政治实践也是多变而复杂的。当我们在生活中实际地经历一些事件的时候，往往会发现单靠一种伦理证成的社会关系无法给予复杂的实践以真实的指引。本书的写作在这个意义上是比较理想化和真空化的，例如：我们在讨论家庭内部层序问题的时候，就没有同时讨论人和宠物的关系；我们在讨论国家内部执政者和普通公民关系的时候，没有将这个社会关系放在全球国际政治关系的大背景之中。就这一点而言，我们也希望看到更多具有综合性视野的思考。

　　撰写这篇序言的时候已经是2022年的暮春，距离我们开始讨论这本书已经过去五年有余。2017年给我们的冲击像是一个预示，世界在以越来越快的速度发生变化。2020年初开始的全球新冠肺炎大流行和2022年初爆发的俄乌冲突更是加剧了这一巨变，我们遭遇了前所未有的对于人类尊严的挑战。然而，形式化的尊严与平等易得，实质的尊严和公正则需要我们自己去争取。希望本书能够成为我们理解差异、正视层序的一个小小起点，如果能够激起一些诚实的思考和批评，这将是我们的荣幸。

　　本书的写作与出版离不开我们家人的支持和两只小猫咪的陪伴，也离不开我们的朋友、同事和学生们的讨论与帮助，我们尤其感谢各位编辑老师的耐心与细心。倘若本书尚有不当之处，敬请读者不吝赐教。

绪论

众所周知，山东省是儒家文化的故乡。在这里，宴席的座次有着严格的等级。一般来说，山东省的宴席都用圆桌，上桌的分为两类人：一类是主人，一类是客人。主人叫"陪"，客人叫"宾"，主、客人数基本相当，而且一般是间隔坐开，保证每位客人的左手边和右手边都有一位主人来照顾。总的来说，客人的地位高于主人，毕竟"好客山东"有这样的传统。但是，在数位"陪"和"宾"之间还有一些次序。比如，面朝门的位置是主陪位，它的正对面是副陪位，主、副陪就是最重要的"陪"；主宾坐在主陪的右边，副主宾坐在主陪的左边，这两位是最尊贵的客人。我们借用以下这张图①来展示这种圆桌宴席的座次：

---

① 刘耀东：《不喝酒，如何在山东的酒桌上活下来？》[2018-06-28]，https://baijiahao. baidu.com/s?id=1604692088818172035&wfr=spider&for=pc。

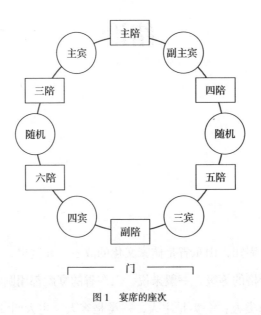

图 1　宴席的座次

　　作为山东大学政治学与公共管理学院的院长，贝淡宁主持过无数座次严谨的宴席，但从来没有人向他抱怨过，哪怕是外国来宾也好奇而客气地接受了这种安排，毕竟这种座位排序并没有强化不公正的等级感——根据种族或性别对人进行排序。在这里，非华裔人士（例如贝淡宁）与具有相同社会地位（例如其他学院的院长）的华裔人士的座位是同等的。男性和女性也会同等地根据他们的社会角色来入席，比如山东大学的樊校长（女性）在山东大学的宴席中就会和前任男性校长一样坐在主座。当然，我们也不想否认山东省某些地方仍然深受父权制影响，吃饭时不让女性上桌，但在大学里不存在这种情况。[1]

　　山东大学宴席的座次安排很微妙，大体上也很合理，不熟悉这种座次安排的人几乎看不出有什么特殊的等级区分。桌子是圆形的[2]，对称性极佳，来访的客人除非对当地座位排序的规范有所了解，否则很难体会其中暗含的等级感。相比之下，传统的牛津大学和剑桥大学的长方形高台餐桌（high table）就很不一样了，电影《哈利·波特》中霍格沃茨魔法学院的长桌晚宴便是这种等级的艺术性展现。这种高台餐桌比一般学生吃饭用的长条桌要高很多，教授们进入大厅时所有学生需要起立，在教授们正式开动之前，学生们不允许动刀叉。牛津大学和剑桥大学这种扑面而来的社会等级森严感总给人带来一种隐约的不安，即使对于这些安排的受益者——大学教授们来说，也是如此。

---

[1]　在山东省的部分地区，父权制的规范可能也正在减弱。我们曾被邀请到山东大学附近的一个农村居民家，主人邀请汪沛坐在主宾的位置。另外，我们也听说了一些有趣的故事，是关于山东式父权制规范的例外。在乡下收成并不好的时候，家里的男人们在外面吃红薯，奶奶在厨房里和其他女人们偷偷分肉吃，而上桌吃饭的男人们根本不知道他们被当作"二等成员"，只有女性不上桌而男性又不下厨的时代才可能出现这种情况。《红楼梦》中也有许多类似的故事，女主人和用人特有"弱者的武器"，尤其是漂亮的大丫头，她们不用做很多活儿，平时可以随便冲小丫头和老妈妈们发脾气，穿戴和小姐们差不多，也不像小姐们那样受到严格的礼教约束。

[2]　亚瑟王的圆桌也有类似的含义，表达着一种平等观念。参见 Wace, *Roman de Brut: A History of the British* (*Text and Tradition*), trans. Judith Weiss (Exeter: University of Exeter Press, 2002)。

这并不意味着我们接受并且讨论山东式的座次安排，仅仅是因为它不会表现出不公正或明显的等级感。这种安排得到人们的赞赏，甚至被远道而来的客人视为一种有趣的体验，恰恰是因为它表达了我们称之为"正义等级"的多种美德，也就是在社会价值的维度上，对人或群体依据道德进行合理排序。知道这种座次习俗的人入席前通常会来回推让，拒绝去坐代表更高社会声望的席位。经过一番来来回回的推让，最终的"妥协者"半推半就地在代表较高社会地位的位子上落座。不过，大多数情况下，大家都知道推让的结果。例如，如果列席的主人里面社会地位最高的是大学院长，那他（她）一般坐在主陪的位子，学术声誉最高或最年长的客人坐在主宾的位子，依此类推。立刻入座会显得一个人不够谦虚，中国人热衷于三推四让，外国人通常不懂这种来回推让的礼节。这些客套和推让，尽管在外人看来有点假惺惺甚至滑稽，但的确表达着儒家式的谦逊与恭谨。①

不仅如此，坐在主陪位的人也会承担更多责任，比如负责买单。更确切地说，主陪做东，副陪买单。在餐桌上，因为主

---

① 在其他学术环境中也是如此：中国学术界最具挑战性的工作之一是会议的座次安排，即需要根据教授的年龄、地位和成就水平安排座位。学术会议几乎都会有与会者的正式合影环节，通常主办方不会（也来不及）事先安排座位以及站立的位置，但与会者都知道没有被言明的次序：越靠近第一排中心位置的人，社会地位越高。通常学者们也会玩笑似的推让，避免占据靠近中心的位置。对这些习俗一无所知的外国教授经常懵懵懂懂被"推"到前面和中间，他们也会欣然接受。

客间隔坐开，所以能够保证每位客人两侧均有人照顾（如夹菜），每位主人都应该照顾与他（她）的等级角色相应的、坐在他（她）旁边的特定客人。分等级的座次安排不仅可以确保最受尊敬的客人受到优厚的对待，更可以确保每一位客人都能得到周到的照顾。

正式开餐之后，主陪先为坐在他（她）身边的客人夹菜，然后副陪为他（她）左右两边的客人夹菜（外国人一般会直接为自己夹菜，但山东人并不会因此认为他们粗鲁，毕竟外国人不懂本地习俗和文化）。之后，主陪会反复举杯欢迎宾客，在山东省一般是先敬三次酒，在孔子的故乡曲阜则是八次。然后，副陪开始敬酒（通常次数少于主陪敬酒的次数），三陪、四陪在副陪敬完酒后依次敬酒（通常就是一次）。祝酒词当然是为了表达主人们的好客之情，最好引经据典，有些幽默感，不可死板，尽量真诚，以便大家在欢笑中一起举杯饮酒。当"正式"敬酒结束时，主、副陪会起身按照座次单独给每位客人敬酒并问候他们。酒过三巡，大家都站起来绕着桌子开始相互敬酒、随意交谈。山东男人酒后有时会手拉着手相互搀扶送别，这在外国人看来简直不可思议！哪怕是中国其他省份的人看到这一酒后情景也会觉得大开眼界。

有趣的是，这种社交上的等级关系在不同场合会有相应的改变。同样一拨人聚餐，场合不同，座次就不同。上一次聚餐时的主人这次可能成了客人，同一桌人的座次也可能完全不一样。又或者，有时候聚餐的原因不同，等级关系也会有差别：有时候按照齿序，有时候按照行政级别，有时候按照学术成就，有时候按照品行和美德，等等。在这个意义上，排序的范式并不是固定的、僵化的，而是可以随着情境不断调整的。如果访问学者来做客的话，他（她）就会坐在主宾的位置，哪怕在大学之外他们的社会地位未必是最高的，但是"有朋自远方来，不亦乐乎"，来这里做客的访问学者就是最尊贵的客人。山东式的座次与饮酒礼仪确实是有层级性质的，但是如果它有助于表达好客的精神，滋养和谐的气氛，促进更深的交流，又有何不可呢？如果社会层级能灵活调整，随情境而变化，更照顾到那些排序上处于弱势的人，那么或许它在道德上就是合理的。

不过，哪怕作为一种理想的餐桌礼仪，山东省的饮酒文化也有一些不足之处。最常见的就是，半醉和烂醉（如果不致命的话）之间有时候是很不明确的。[1] 当然，山东省的人均酒精消费量在中国是最高的，这绝非偶然（上海也许是中国最具平

---

[1] 《尚书》是中国传统中最早讨论饮酒礼仪的典籍，提倡限制饮酒。这部西周的作品批评了商朝无节制饮酒的风俗，理由是它导致了奢侈糜烂和政治混乱。因此，饮酒的礼仪意在规范和限制饮酒，参见喻中：《风与草：喻中读〈尚书〉》，北京大学出版社，2011年，第203页。不幸的是，这种饮酒的礼仪在当代实践中经常遭到违背。感谢孔新峰提供这条参考信息。

等精神的城市，人均酒精消费量则全国最低）。① 在不同的社会环境中，饮酒的具体礼仪也有一些区别。在山东省，最不礼貌的是在宴请场合自斟自饮（在受儒家影响的韩国也是如此；在西方或者中国的其他地区，除了第一杯酒大家一起举杯，接下来的敬酒与喝酒都比较随意）。通常，那些不喝酒的人可以以水代酒，水看起来像白酒，以水代酒的人也可以和大家一起举杯。

我们需要认识到，饭桌上饮酒、劝酒的行为往往会失控，难免惹人厌烦。每到春节之际，社交网络上就会出现大量爆款文章批判恶臭的酒桌文化，比如下属常常很难拒绝上级的劝酒，晚辈很难拒绝长辈的劝酒，即使他们已经喝醉了。这种困扰不只针对等级相对较低的人群，甚至长辈、领导这些一般看来更有发言权的人也会疲于一轮轮敬酒。此外，主人可能觉得如果客人没有大醉而归就是自己没有招待好，而客人更会感受到这种压力，仿佛不喝酒就很不合群似的。一般来说，中国女性远不如男性喝得多，在酒桌上她们往往觉得被边缘化了。哪怕是能喝酒的女性，有时候对于频繁的敬酒也不胜其烦。

这种繁复的饮酒礼仪对于非山东省地区的中国人来说，一方面会显得新奇，另一方面确实会产生文化冲击。尤其对于来

---

① 刘耀东：《不喝酒，如何在山东的酒桌上活下来？》[2018-06-28]，https://baijiahao.baidu.com/s?id=1604692088818172035&wfr=spider&for=pc。

自中国南方省份的人来说，这种敬酒礼仪即使按照现代化的社会规范有所革新，例如敬酒有所节制，不强迫喝酒，可以以茶代酒等，并且运作良好，还是令他们震惊。山东省的大学中已经不再有旧时代的父权制规范，但整个文化氛围仍旧没有特别强调女性对社会的特殊贡献。相比之下，在浙江，情况就有很大不同。客人的妻子和孩子有时会被要求坐在主宾座。汪沛想起小时候跟随父母外出做客时常会被安排坐在主宾座，点菜的时候主人往往首先会问桌上的女性和小孩们想吃什么，这在山东省简直是不可想象的。话虽如此，我们并不是要批评山东式的座次安排和饮食礼仪。我们提倡的是根据进步的社会价值对等级观念进行现代化革新，同时希望这种进步的传统礼仪依旧能够使参与者乐在其中。

举山东省宴席座次安排的例子意在阐明我们的主旨问题，现在让我们直接谈谈这些问题。"平等"显然是一项重要的价值——毋庸置疑，平等已经成为当代最重要的政治价值之一，不断有社会运动致力于推动种族、性别、种姓、阶级，甚至国别、地域、口音之间的平等，并且取得了重要的社会进步。在这样的大环境下，"等级"成了政治学讳莫如深的论题。

似乎"等级"成了旧的、陈腐的观念，而"平等"是新的、进步的观念。区分新与旧，似乎成了最朴素的对于伦理价值的证成方式。如果不跟随新观念，就无法进入新时代。重提旧观念成了时代新人的大忌。这里有两点需要反思。首先，现在被打上"旧观念"标签的那些观念是不是真的陈旧、愚昧，从而需要被抛弃？其次，被奉为"新观念"的那些观念是否真的是时代精神的代表？[1]

如果我们要追随陈寅恪先生所致力的"独立之精神，自由之思想"，就要做到双重批判：既批判传统观念中陈旧的一面，也要批判流行观念中的不合理之处。"把握住传统观念中的精华，而作民族文化的负荷者。理解流行观念的真义，而作时代精神的代表。"[2] 这种双重批判是我们所提倡的面对历史与当下的理性态度。当代中国的语境在社会和学术的层面都有新的变化，中华文明接受了革命的洗礼，西方伦理学也发展出对于伦理主题的不同论述。然而，如同贺麟先生 80 多年前所言："我们要从检讨这旧的传统观念里，去发现最新的近代精神。"[3] 从传统之中推陈出新，检讨传统观念中的僵化之处，同时也批判流行观念中的教条部分；既肯定传统中的精华，也肯定时代精神的指引方向。双重批判与双重肯定，这种方法所相应的态度我们称之为进步的保守主义。每一种传统在新的时代下都值得

---

[1] 更多讨论参见汪沛：《平等、差异与等级——进步的保守主义视角》，《东方学刊》，2019 年第 4 期。

[2] 贺麟：《五伦观念的新检讨》，《战国策》，1940 年第 3 期。亦可参见贺麟：《文化与人生》，商务印书馆，2015 年，第 54 页。

[3] 同上。

拥有相应的进步，每一个社会都应当有独立于其他社会判断标准的自由发展的空间。

在当今世界，极端的个人主义与极端的宗教势力已经成为新的时代现象。极端的自由与极端的封闭其实同根同源，都在于把个人原本具有的多重伦理关系化约为一种，让立体的伦理结构坍塌至平地，让厚的伦理生活变得薄如蝉翼。极端的封闭容易被识别与批判，而极端的自由则相对亲和许多。在这样的背景之下，要重新检讨"平等""等级"这样的观念就尤其需要勇气。

关键在于，哪种形式的等级是合理的，以及它们如何能够与平等主义相兼容。我们需要区分公正和不公正的等级形式，并思考促进良性等级形式发展和最小化不良等级形式影响的可能性。但是，"等级"到底是什么意思？在今天讨论这个问题的意义究竟在哪里？"坏的等级"又是什么意思，它在何种意义上使进步主义者感到担忧？从理论角度来看，最具挑战性同时也是我们在本书中试图回答的主要问题是：哪些形式的等级在今天看来具有道德正当性？将来如何推广这些正义的等级形式？

等级有什么错？

从纯粹描述的意义上讲，"等级"是一种关系，其特征在于首先承认差异，其次根据某些属性进行排序。社会层级制倾向于具有规范性的维度，它们是"一种社会系统，身处其中的个人或群体会相应于社会价值维度，呈现出或隐或显的等级"[1]，但我们需要进一步的规范性论据来论证社会应该重视哪些维度。在现代中文和现代英文中，"等级"几乎是贬义词，因为从道德的角度来看，历史上对个人或群体进行排序的方式大多不合理。

生物学家倾向于中立地看待等级，他们专注于研究等级的起源和演化，而不掺杂道德判断。[2] 等级是生物学中普遍存在的组织原理，也是演化产生复杂的、具有进化能力的有机体的关键原因。在生物神经网络的层面上，影响等级形成的关键因素在于是否有联结成本。根据一项有影响力的计算机模拟研究，没有联结成本的网络不会演化出内部层秩结构，而具有联结成本的网络则会演化出内部层秩，并且这样的网络表现出了更高的整体性能，也能更快地适应新环境。[3] 类似的机制大抵可以解释大型社会组织中等级层秩的演变。正如彼得·图尔钦解释的那样，"大型人群能够达成共同的行动方针的唯一方法

---

[1] Joe C. Magee and Adam Galinksy, "Social Hierarchy: The Self Reinforcing Nature of Power and Status," *The Academy of Management Annals* 2 (2008): 354.

[2] 感谢戴维·王（David Wong）在邮件里详细介绍了关于进化与等级的观点。

[3] Henok Mengistu, Joost Huizinga, Jean-Baptiste Mouret, and Jeff Clune, "The Evolutionary Origins of Hierarchy," *Computational Biology* 12.6 (2016): 1–23.

是（有层次地）构建人与人之间的联结……规模更大、组织更好的社会，要比规模较小、相对残酷的社会更有竞争力。有层序的组织（难道这不是唯一的吗？）是全新世（大约在 1.2 万年前，冰河时代刚结束的时候）新制度选择强烈青睐的一个文化特征……想象一个大型社会（例如，一百万人口或更多，按今天的标准来说是一个小国家！）以一种无层秩结构的、水平的方式组织起来，完全是白日梦。等级层秩（中性地看）是组织大型社会的唯一方式"①。就像无法不通过等级层秩来有效联结大型神经网络，我们也无法不通过有等级结构的社会组织来联结大众。简而言之，效率是等级的明显优势。

　　等级的效率可能有助于解释为什么我们在某个无意识的层面上偏好等级。根据一项研究，人们更容易记住表征等级的抽象图而不是表征平等的图。由于处理速度更快，参与者更偏好等级结构图。参与者觉得对一家层秩分明的公司进行决策比较容易，甚至进一步认为层秩分明的组织具有更积极的品质。②

① Peter Turchin, "The Evolution of Hierarchy," December 20, 2014, https://evolution-institute.org/blog/the-evolution-of-hierarchy/. 关于等级结构如何更有效率地组织行为模式以生产更多公共产品的经验证明，可参见 Brent Simpson, Robb Willer, and Cecilia L. Ridgeway, "Status Hierarchies and the Organization of Collective Action," *Sociological Theory* 30.3 (2012): 149–166。

② Emily M. Zitek and Larissa Z. Tiedens, "The Fluency of Social Hierarchy: The Ease with Which Hierarchical Relationships Are Seen, Remembered, Learned, and Liked," *Journal of Personality and Social Psychology* 102.1 (2012): 98–115.

我们大多数人一想到等级这个词就有点反感，然而在人类的演化历史中，等级的效率优势常常促使我们偏好等级。

当然，仅仅因为效率我们就偏好等级，这在道德上并不能够被证成。纳粹建立了超高效的集中营，但它们被用于卑劣的目的。如果我们考虑到自然选择的运作方式，那么在很大程度上，人类之所以进化成现在的样子是自然选择的结果。自然选择的使命是高效地将基因传递到下一代，这使得我们倾向于偏好有助于实现这一目的的事物，而不喜欢对此没有帮助的事物。正如罗伯特·赖特所说："我们是被自然选择所'设计'的，我们可以做某些事情来帮助我们的祖先将其基因传给下一代，例如吃饭、性交、赢得别人的尊敬，以及超越对手。"[1] 但是，我们现在未必还要保有那些过去使我们成为有效率的基因传播者的机制。演化可能促使我们更重视自己的利益，但这种重视一旦过度，就会导致更高昂的代价。自然选择设计了人类的心智，使得我们并不总是实事求是地评价他人，而是会用有利于我们基因传递的方式来评价别人。因而我们总是高估朋友的美德，同时也高估敌人的邪恶。对于繁衍来说，这可能更有效，但它也是部落主义与心理学上妖魔化"他者"的根源。经过反思，我们可以确定，部落主义、妖魔化对手、战争这些对

---

[1] Robert Wright, *Why Buddhism Is True: The Science and Philosophy of Meditation and Enlightenment* (New York: Simon and Schuster, 2017), p.7.

待他者的方式都在威胁着人类这一物种，甚至整个世界。如果我们认为最理想的状况是能够剔除我们身上诸如贪念、自负和恶意之类的"程序"，那么我们可以通过提倡冥想之类的练习来促进对有情众生的同情，这也有助于矫正我们现在所认为的不道德行为的心理根源。[①] 事实证明，从自然选择的角度来看的有效做法在道德上未必成立，我们可以而且应该努力挑战很多看起来"自然"的事物。同样，我们有充分的理由挑战许多看起来很自然的社会等级。这些等级可能发端于对效率的追求，但是从道德的角度我们未必认可它们。这不是纯粹的理论，很明显，过去的许多等级在今天都经不起推敲。正如历史学家尤瓦尔·赫拉利所说："复杂的人类社会似乎需要想象出来的等级制和不公正的歧视……通过将人划分为想象中的范畴，如上流、平民和奴隶，白人和黑人，贵族和平民，婆罗门和首陀罗，富人和穷人，来一次又一次地创造社会秩序。这些范畴通过使某些人在法律、政治或社会上优于其他人，从而规范了数百万人之间的关系。"[②] 但现在我们在道德上已经有了进步：今天，大部分受过教育的人都能够意识到并且反对那些曾经在我们历史上流行过的、看起来"自然"的等级。

[①] Robert Wright, *Why Buddhism Is True: The Science and Philosophy of Meditation and Enlightenment* (New York: Simon and Schuster, 2017), p.177, p.229.

[②] Yuval Noah Harari, *Sapiens: A Brief History of Humankind* (New York: Harper, 2015), p.136.

为什么我们反对大部分传统等级？一个关键原因就在于我们自身与那些不正义的等级相关的不愉快经历，比如种族主义、性别歧视、种姓区分、地域歧视、国别歧视、口音歧视。生活在现代社会且受过良好教育的人，很少会去捍卫基于出身、种族、性别或宗教而区分出来的固有的等级制度，尽管这些等级在过去通常得到认可。在古罗马，袭击一个奴隶比袭击一个自由人所判的刑罚要轻一半①，幸运的是，在今天几乎没有人会支持奴隶制。古代中国也有"刑不上大夫"的传统，但当代的儒家学者不会指望在法律面前拥有这一特权。从某种程度上来说，我们都是平等主义者，我们都赞同在公民的基本道德和法律地位方面的平等原则。除了疯狂的恐怖分子，我们所有人都赞同这样的观点，即不论背景如何，人类都有权享有迈克尔·沃尔泽所说的"薄的"人权：我们都有权利不遭受酷刑、不被奴役、不被谋杀和不遭受种族歧视。②我们（本书的两位作者）在这个意义上也是平等主义者，支持在公民的基本道德和法律地位方面的平等原则，赞同"薄的"人权，但我们要主张的比这个更进一步。我们倡导一种"进步的保守主义"。一方面，我们理解政治左翼所提倡的传统平均主义，包括对导致

---

① Mary Beard, *SPQR: A History of Ancient Rome* (New York: Liveright, 2015), p.144.

② Michael Walzer, *Thick and Thin: Moral Argument at Home and Abroad* (Notre Dame, IN: University of Notre Dame Press, 1994).

贫富差异剧烈的财富分配的厌恶、对劳动阶级更多权利的伸张、对遭受全球变暖影响的贫困国家的支持、呼吁性别平等以及同性伴侣的平等权利。我们意识到，许多社会等级在传统中被视为自然而公正，但其实它们既非自然也不公正，我们可以而且应该挑战这些等级制度，必要时也应该采用革命手段。另一方面，我们对于传统也有一些同情，这不单纯是出于对传统的崇敬，还有对传统的依恋。我们认为有些传统的等级制度，例如家庭成员之间、公民之间、国家之间、人与动物之间以及人与机器之间的等级，是可以进行伦理上的辩护的。当然，我们不主张盲目地重申和实施往日曾经发挥过作用的那些不正义的等级，但是经过适当的改革，它们有可能适合于现代世界。

为等级辩护

不管传统形式的等级有多少弊端，要向所有形式的等级开战是不可能的。复杂的组织和社会需要某种形式的等级，并且比那些试图废除所有形式的等级的组织和社会更胜一筹。历史证明了这一预测：有意识地建立没有等级的大型组织或社会的尝试均惨遭失败。埃德蒙·伯克对法国大革命的著名评论就是，法国革命者试图将军队中的指挥和服从关系化约于平等，这将导致一种新型将军的崛起，他"洞悉笼络军心的艺术，并具有真正的统帅精神，懂得如何吸引所有人的目光，并成为整个共和国的主人"①。在现代社会中，消除社会等级的努力同样可能导致大规模的暴力和民粹主义暴政，尤其是互联网的广泛使用使得匿名网民能够将这一暴力持续放大。在美国，强烈反对精英的民粹主义促使唐纳德·特朗普这种"强人"上台，毫不顾忌传统中对政治强权的限制。可见人类与各种形式的等级做斗争的努力不仅仅会导致失败，甚至有更糟糕的结果。

简而言之，我们不是要在没有等级的社会和有等级的社会之间进行选择，而是在拥有不正义的等级并长期维持它的社会与拥有正义等级并旨在服务于道德上理想的社会之间进行选择。"正义等级"乍一听很难接受，尤其是对于现代人来说。我们已经论述了山东省宴席的座次安排，其中体现的就是一种正义的等级，本书也会提供更多的例子。事实上，我们常常将等级视为理所当然：没有人怀疑勒布朗·詹姆斯凭借他在篮球场上的成就成为 2016 年 NBA 最有价值球员。又比如，尽管诺贝尔和平奖曾经颁给过一些在道德原则上值得商榷的人，但很少有人反对这一原则，也就是我们可以并且应该奖励那些在道德上取得了巨大成就的人。在中国，政府嘉奖了那些孝敬父母的成年人，可能会有人质疑其中有些人德不配位，但人们似乎很

---

① Edmund Burke, *Reflections on the Revolution in France* (1790), in *Select Works of Edmund Burke*, vol. 2 (Indianapolis, IN: Liberty Fund, 1999). 几年后，拿破仑的所作所为正是伯克所担心的。感谢杰伊·博吉斯提供这条参考信息。

难反对一个原则，也就是我们需要嘉奖那些能够为他人树立榜样的人。① 我们所主张的是，各种正义的社会层级应该构建起我们的日常社交生活，虽然这一主张更具争议性。

我们所针对的观点即所有社会关系应该平等。在当代世界中，这一理想经常体现在日常对话里（想想那些要求成年人平等对待他们的青少年）。也许更令人惊讶的是，成熟的政治理论家也日益捍卫对社会平等的全面辩护。在约翰·罗尔斯具有划时代意义的巨著《正义论》出版（1971 年）后的最初几十年，西方政治理论家主要关注的是平等分配的相关物（例如收入、资源、福利、能力或其他东西），所讨论的也基本是平等主义分配原则（例如，是应该采取完全平均，差异原则，充足原则还是别的原则？）。② 更晚近的理论家们，即那些"社会平等主义者"，认为专注于分配原则不仅太狭窄，也忽视了真实存在的平等主义政治运动更广泛的议程。正如伊丽莎白·安德森所说："政治上被压迫的人谁来关心？种族、性别、阶级和种姓的不平等又该怎么办？"③ 政治理论家们既不关注私有物（如收入或福利）的分配，也没有关注其他的诉求，例如同性恋对婚姻的诉求、残疾人对于重新配置公共空间的诉求。为

① Tim Scanlon, *Why Does Inequality Matter* (Oxford: Oxford University Press, 2018), ch.8.

② Harry J. Frankfurt, *On Inequality* (Princeton: Princeton University Press, 2015).

③ Elizabeth S. Anderson, "What Is the Point of Equality?" *Ethics* 109.2 (1999): 288.

了解决这些问题，社会平等主义者提出，平等首先指的是对于社会关系的平等理想：各种各样物品的分配应该旨在确保建立起一个人人平等的社会。政治理论家对社会不平等的关注聚焦于批评人类社会中不公正的社会等级制度，"包括奴隶制、农奴制、债役制、封建主义、君主制、寡头统治、种姓和阶级不平等、种族主义、父权制、殖民主义，以及基于性别、残疾和外貌的污名化"[1]。当然，作为政治进步主义者，我们乐见对不公正的社会等级的批评，这些等级制度在过去压迫和污蔑了大多数人[2]。但是，我们并不能因此认为平等的社会关系必然是正义的，有等级的社会关系必然是不正义的。我们应该撤除偏见，探索具体语境、具体传统中的等级，因为它们有可能在伦理上是可辩护的，并且可以为当今世界关于等级的思考提供启发。

　　但是哪种等级是合理的？何以是合理的？在我们看来，这取决于社会关系的性质和具体的社会背景。从研究方法上来

---

[1] Elizabeth S. Anderson, "Equality," in *The Oxford Handbook of Political Philosophy*, ed. David Estlund (Oxford: Oxford University Press, 2012), pp.40–57.

[2] Stephen C. Angle, "Vicious Oppression, Valuable Deference, and Provisional Hierarchy: A Contemporary Confucian Perspective," paper presented at the Hierarchy and Equality Workshop, sponsored by the Berggruen Institute held at Stanford University's Center for Advanced Study in the Behavioral Sciences, Stanford, CA, March 2016.

说，我们受到迈克尔·沃尔泽的多元主义正义观[①]的影响。并不存在对任何时候、任何地方都适用的正义原则。我们的主要论点是，不同类型的社会关系要求不同的等级原则。那些亲密关系中的正义等级并不适用于公民之间的关系；公民之间的正义等级并不适用于国家之间的关系；国家之间的正义等级并不适用于人与动物的关系；人与动物之间的正义等级又不能适用于人与（智能）机器的关系。总的来说，道德上可被证成的等级可以并且应该适用于我们社会生活的不同领域，而这些等级与过去支配我们生活的许多不公正等级有着很大不同。我们采用了很多哲学论证和来自不同文化传统的历史实例，还有广泛的社会科学证据和我们的一些个人经验来支持我们的观点。当然，我们也承认，那些赞同进步的保守主义观点的读者，他们的道德与政治直觉将使他们支持我们的论证。我们既没打算也没办法说服恐怖分子、白人至上主义者、反女权主义者、厌恶人类者、狭隘的民族主义者、战争贩子、抨击中国者、宗教激进主义者、气候变化否定者、顽固的保守派、同性恋恐惧者和肉食主义者，对此我们没有道德上的疑虑。我们也不能说服"左"派，因为他们在社会生活的各个领域教条地主张平等的

---

① Michael Walzer, *Spheres of Justice: A Defense of Pluralism & Equality* (Oxford: Basil Blackwell, 1983). 相似的研究方法参见 David Miller, *Principles of Social Justice* (Cambridge, MA: Harvard University Press, 2001)。

价值。我们的希望是，进步的保守主义者将逐渐看到等级在不同语境、不同文化背景和不同类型的社会关系中所呈现出的优点，不仅因为它们在哲学上是可以辩护的，也因为它们可以帮助我们思考如何理解和解决当今世界所面临的各种挑战。

我们在接下来的五章中分别讨论了五种不同形式的社会关系和相应的等级。这五个有等级的社会关系并不意味着人类伦理关系的全部，但它们可以并且应该适用于我们所遭遇的伦理困境。第一章讨论的是亲密关系中的层秩，家庭中的亲密主体有长时间面对面互动的经验，相互之间有着真实的爱与关怀。西方和中国的许多政治理论都将平等的友谊理想化为最高的社会关系形式，当然也是最高层次的亲密关系形式。我们并不质疑平等友谊的可取性，但我们认为，亲密关系中可以灵活互换地位的层秩关系比友谊更高一层。当然，层秩关系不应包含暴力，也不应永久固定。爱人之间和家庭成员之间灵活互换地位的层秩不仅是可以容忍的，还可以为生活增色。当代政治理论没有为亲密关系中的层秩提供好的论证，因此我们寻求古代中国、古代印度与古希腊的思想资源来探讨这一问题。

在第二章中，我们将讨论现代大型政治共同体中公民（主要是陌生人）之间的层级。对于没有"一人一票"机制的政治共同体，要证明其中存在一种正义层级殊为不易。如果政治制度选拔和提拔的官员能够超脱于私人利益和家庭利益，有能力并愿意为政治共同体提供服务，那么在这样的共同体中执政者和公民之间所存在的层级是合理的。我们考察了中国的政治传统，认为这种我们称之为"贤能政治"（"尚贤制"）的理想状态，对中国古代政治体制和20世纪初中国的政治改革都产生了巨大而深远的影响，并同样可能为当今的中国道路辩护。但是，这套选贤任能的系统需要辅以一定的民主色彩（并不是指顶层的竞争性选举），让公民能够对执政者更加信任，并在不同级别的政府中建立一定程度的问责制。然而，理想与现实之间存在很大差距。我们认为，儒家"软实力"、民主开放、群众路线、道家对于政治的怀疑主义，这四者的有机结合有利于贤能政治在中国的复兴。

第三章讨论了国家之间的关系。在国家中，执政者与公民之间的关系首先应有利于公民而不是执政者，然而国家之间的关系必须对两国都同样地有利。尽管在当今世界，主权国家之间的平等理想常与现实不符，但我们认为，强国与弱国之间的层序是国际关系中的常态。如果这种层序关系同时有利于强国和弱国，它就有可能是合理的。我们采取了哲学和历史的混合论证，认为正义的层序关系的特征可以是弱互惠性（两国都从层序关系中获得工具性利益）或强互惠性（强国和弱国都能够从双方的视角总体地来看问题，而不仅仅是从自己国家的视角来看）。强互惠更难实现，但比弱互惠更稳定、更持久。我们认为"一个世界，两种层序"的理想可能适合于未来的全球秩序。在这一章，我们还借鉴了古代印度和古代中国的思想家的洞见来佐证自己的观点。

在第四章，我们讨论了人类与动物的关系。纵观人类历史，大多数文化和宗教传统（除了道家这种特例）都更重视人类而不是动物。我们认为，建立以人类为尊的道德等级是可辩护的，但前提是原则上禁止残忍对待动物。但是，"非残忍的从属"原则不足以阐明我们对动物应负的义务。我们与不同的动物有着不同的关系，我们对具有与人类相似的特征且为人类福祉做出最大贡献的动物负有最严格的关怀义务。对于人类为了食用而饲养的动物，我们认为只有当这些动物是在人道条件下进行繁殖时才是合理的。非残忍的从属原则甚至适用于我们最讨厌的动物，例如不能虐杀老鼠和蟑螂。

我们在第五章探讨了（或许是）这个时代最大的挑战：对于越来越智能的机器，人类需要保证自己的支配地位。我们认为，机器可以而且应该为人类利益服务——在这个意义上，它们应该听从于人类，保持这种主导地位的等级关系至关重要。马克思主义为我们提供了启发：在高级共产主义理想中，人工智能机器从事那些必要劳动，从而使人类得以自由地实现其创造本质，这在几十年后或许是可实现的。但是国家不能也不应该"消亡"：我们总是需要一个强大的国家，以确保人工智能不会逆转人类与类人机器的主从关系。希望那些令人担忧的科幻小说场景，例如机器试图将人类变成奴隶，只是异想天开。从中短期来看，我们认为儒家的价值观可以帮助我们思考如何应对人工智能的挑战，从而使机器能够为人类服务。

本书的在线附录（https://press.princeton.edu/ideas/in-defense-of-hierarchy）是由不同的政治思想家（包括贝淡宁）签署的联合宣言，以捍卫正义等级的理想。它是斯坦福大学博古睿研究院关于平等与等级的研讨会的产物，主要由朱利安·巴吉尼撰写。这一宣言启发并帮助我们写就本书（具体论证是我们两位作者在过去几年中的对话与讨论积累而成的）。这一宣言也表明，现代世界中人与人之间可能也应该存在正义等级的理想，这得到了那些愿意质疑关于等级的刻板印象的人的广泛支持。

从中国到世界

我们当然希望本书对于"正义等级"的辩护将与共享我们进步保守主义视角的读者审慎的政治直觉产生共鸣，这意味着经过了适当改革和更新的传统等级可以服务于进步的政治目的。但我们认识到，进步的保守主义可能对西方读者而言是矛盾的。如何能够既尊重传统价值观念，又掌握时代的真精神？西方社会对现代性的主流叙述是，传统等级表达和制度化了诸如种族主义、性别歧视和贵族特权等不正义的价值观。现代启蒙思想家对传统等级提出了批评，并提供了强有力的论点，主张社会平等和个人自由，旨在为未来的进步树立道德标准。理想与现实之间仍然有很大的差距，但是几乎没有人公开宣称要重返由出身贵族家庭的白人男性统治的糟糕时代。在大多数西方人看来，大家默认的道德立场是社会平等，以及对传统等级的高度质疑。

在中国，传统的等级制度通常有一种"进步"的色彩。我们常常在经典文本中看到早期的儒家思想家批评统治者剥削、压迫百姓，在这个意义上，他们是社会批评者，也是政治进步主义者。但他们并没有提出新的或者未来导向的价值观作为伦理标准以批评当时社会的不公正，他们只是援引了上古黄金时代的伦理标准，诉诸伦理上可取的（合乎"礼"的）等级，因为它使人民整体受益，尤其是鳏寡孤独等各种弱势群体。秦始皇主要受到法家思想影响，他颁布了严厉的政策以摧毁古代贵族特权，并建立了复杂的等级制官僚体系，以考核为根据，实现了社会的阶层流动。随后的中国古代历史很大程度上是由儒家对合乎周礼的社会等级和原始社会主义政治理想（如减少贫困，促进机会平等和完善旨在使大部分人民受益的基础设施）的双重承诺所塑造的。自1911年以后，受西方影响的知识分子将中国的落后归咎于儒家式的"旧"等级制度。反传统主义的"新"传统在"文革"中达到了高潮。这是一场灾难性的尝试，因为它旨在废除社会生活中一切形式的等级。而现在，中国的前进之路需要兼顾保守和进步的双重视角，这已经成为一个共识。人们对于具有前瞻性的社会主义价值观有着广泛的认同，同时也有着对于传统的强烈认同，包括对源自过去的有等级含义的价值观（比如孝顺）的认同。这种默认的伦理立场通常有利于社会等级制，问题是如何使这些等级致力于实现伦理和政治上的进步。

毋庸置疑，这种略微粗糙的世界政治历史草图忽略了其间的重要逆流，例如文艺复兴时期意大利政治思想中的美德政治，它与儒家式的尚贤制有着惊人的相似之处。当然，我们也不想过分夸大中国与现代西方之间的文化差异[1]。事实上，在受儒家影响的东亚社会中，社会等级总被认为是理所当然的。在日本和韩国，根据对方的年龄和社会地位，人们鞠躬的角度有所不同，这些日常生活习惯与实践使社会等级制度化。在中国，山东省或许是典型，尽管理论上大家坚持共产主义的平均主义理想，但山东省宴席的座次往往根据入席者的社会地位和年龄来严格安排，富有浓厚的等级色彩。然而，实际上鲜有东亚知识分子公开捍卫社会等级。中文中的"等级"一词与其对应的英文"hierarchy"都具有贬义，主要原因或许是过去一个世纪

---

[1] James Hankins, *Virtue Politics: Soulcraft and Statecraft in Renaissance Italy* (Cambridge, MA: Belknap Press of Harvard University Press, 2019).

以来"西方"观念塑造了"现代"社会。从理论上讲，东亚马克思主义者和自由主义者也都赞成社会平等的理想。

　　这并不是说西方社会已经消除了对等级制的需求，而是它采取了另一种形式。在美国，人们会因为被视为平等者而感到被重视，但优越地位（和权力）其实是通过财富的形式来表现。虽然任何人都可以称呼比尔·盖茨为"比尔"，但是富人可以通过居住在封闭式社区而与穷人彻底隔绝开来。在美国，捍卫严格的物质不平等的自由至上主义者的论点可能广为流传，但是在东亚社会中这种观点几乎得不到共鸣。也许东亚社会中有权有势的群体不必依靠物质财富就能显示自己的地位。似乎绝大多数复杂社会中有权有势的成员都需要表达某种形式的等级，对于西方来说是社会平等包装下的经济不平等，而对于东亚来说更像是经济平等背后的社会等级。虽然这是一种文化差异，但在任何语言中"等级"一词都具有贬义。不过，用中文表达道德上可以证成的社会等级，还是比用英文讨论更有余地，诸如"差序""排序""层次""层序""层级""层秩""分位"之类的词更容易使人联想到并非所有的社会等级都是坏的。① 这些差异在不同的儿童教育实践中得到了练习和加强，并表达了

---

① Yan Yunxiang, "Unbalanced Reciprocity: Asymmetrical Gift Giving and Social Hierarchy in Rural China," in *The Question of the Gift: Essays Across Disciplines*, ed. M. Osteen (London: Routledge Press, 2002), pp.77–94.

不同的认知取向。① 也许文化差异在政治领域最为显著，我们并不指望我们的论点，如贤能政治（第二章），中国主导的东亚国家政治层级（第三章），或强大的共产主义政党具有抗击恶意人工智能的能力（第五章），将在中国境外具有说服力。

当我们具体考虑不同社会领域的不同等级原则时，文化差异也很重要。在一个社会领域中成功适用的等级原则，可能会与在另一个领域中成功适用的等级原则相冲突。例如，在一个强国中按照贤能政治原则选拔出来的领导人对于他们所服务的公民的承诺（第二章），可能与促进这个强国与其他弱国的强互惠关系（第三章）相抵触，因为强国的公民可能不愿意与弱国的公民分享利益。更令人担忧的是，克服"机器主人"潜在危机的方式（第五章）可能破坏了国家权力更为民主的可能性（第二章）。在这种情况下，我们应当优先考虑哪个原则？潜心关注"天下"的传统中国思想家可能会认为前一个原则应当具有终极优先权，因为我们的存在已经受到威胁。但是美国人习惯了对于个人隐私和亲密关系的保护，他们很难接受被极权主义国家统治的潜在代价，因此他们很难接受这个原则。新罕布什尔州的车牌标语"不自由，毋宁死"就是很典型的表达。我们确实需要认真思考，在发生冲突的情况下，在不同的时代、

---

① Li Jin, *Cultural Foundations of Learning: East and West* (Cambridge: Cambridge University Press, 2012).

不同的社会背景中，不同的等级原则之间究竟应该如何取舍。

简而言之，我们总是需要反复诉诸中国的政治背景。对于不了解中国文化的人，我们的某些想法即使不是道德上的残暴，也可能看起来很奇怪。我们主要（但不完全）涉及中国的历史和哲学传统，例如儒学、佛学、道家，以及我们在中国生活和工作中所经历的故事。这本书也是写给中国读者的：我们试图对中国公共文化的主要社会和政治思想提供融贯并且理性的辩护，这些思想常常被用于批判性地评估中国的现实。这并不意味着我们的想法仅在中国语境中才合理。只是，要在西方社会谈论等级，我们面临着更高的文化障碍，因为在西方大家默认要在社会生活的所有领域都强烈支持平等。我们希望对社会平等有坚定信念的西方读者——如果他们想更好地了解中国，也可以从本书中获得启发，但我们并不指望西方读者会被书中众多（或任何一种）以中国为基本理论背景的论证说服。

也就是说，我们并不完全放弃对普遍性的追求。对社会平等教条的追求很难改变，但它并非永恒不变。商业研究领域提供了一些证据，表明这种社会平等的教条在一定情况下会被打破：来自西方的管理者重视社会平等，如果他们能够适应东亚工作场合对社会等级的偏好，就可以很好地融入其中。[①] 我们

---

① Erin Meyer, *The Culture Map: Decoding How People Think, Lead, and Get Things Done Across Cultures* (New York: Public Affairs, 2014).

也不难想象允许实施道德上正义等级的政治情况。在民主国家，公民可能会对未能履行浮夸承诺的民粹主义领导人幻想破灭（例如"墨西哥会付钱修墙"），也可能会有政治压力要求遏制民粹主义的过激行为。

那么，对于中国以外的读者来说，本书的哪一部分看起来更合理？与我们同样持有进步保守主义观点的读者可能会更容易接受我们对于正义等级的五种分类，它们分别对应五种不同的社会关系。不同的等级原则应适用于不同的社会领域：家庭中的等级在国家层面就多数行不通，公民之间的等级在国家之间就很难起作用，国家之间的等级不可能适用于人与动物的关系，在人与动物之间起作用的等级可能在人与机器之间不起作用。不同形式的社会等级将在所有现代复杂社会中激荡起共振。

同样重要的是，我们并不仅仅借鉴中国历史或哲学来做出论证。我们的方法更接近于安靖如（Stephen Angle）所说的"有根的全球哲学：也就是说，以自己的哲学传统为出发点，但在努力进步的过程中也乐于接受来自其他哲学框架的激励（因为进步是根据自己现有的有利位置来衡量的）"①。因此，我们将借鉴古希腊和印度哲学、当代法国和英语世界哲学、社会

---

① Stephen C. Angle, "Building Bridges to Distant Shores," in *Appreciating the Chinese Difference: Engaging Roger T. Ames on Methods, Issues, and Roles,* ed. Jim Behuniak (Albany: SUNY Press, 2018), p.165.

科学研究以及东亚以外地区的社会历史（如果它们有助于加强我们的论点）。一般而言，我们越是利用国际资源，我们的论点就越有推广的可能性。

总而言之，我们的论点主要植根于中国语境，并且在该语境中具有更强的说服力。但是，中国以外的现代社会并不缺乏进步的保守主义观点，我们有些支持道德上可证成的等级的论点也可以说服这些社会中的读者。归根结底，由读者来决定哪些论据具有说服力，哪些不具有说服力。

我们全心全意地赞同一种普遍的价值观：用批判的眼光进行阅读。我们鼓励读者反复推敲书中的论证有什么问题，我们希望读者思考哪些论证可以有所改进，哪些论证则完全错误。本书是对于现代社会中正义等级问题的先行讨论，进一步而言，这是现代社会中对等级问题的首次系统性探索。我们期待着相关的批评，更期待出现关于这一问题更多的优秀著作。

子曰："昔者明王事父孝，故事天明；事母孝，故事地察；长幼顺，故上下治。天地明察，神明彰矣。故虽天子，必有尊也，言有父也；必有先也，言有兄也。宗庙致敬，不忘亲也；修身慎行，恐辱先也。宗庙致敬，鬼神著矣。孝悌之至，通于神明，光于四海，无所不通。《诗》云：'自西自东，自南自北，无思不服。'"

——《孝经·感应章》

我们大部分时间都在与关系亲密的人互动。爱人、家人和朋友赋予我们生命意义，让我们尤其感受到与这个世界的紧密联结。然而，我们只需要思考片刻就会意识到，在和亲密的人互动过程中，双方并不总是平等的。对于一个老爱闯祸的五岁小孩，父母可以直接批评他／她。不仅父母可以批评孩子，在判断什么样的生活才值得过时，我们直觉上也不会把小孩子对这个问题的看法当作具有平等参考价值的见解。在家庭生活中，夫妻之间也不总是平起平坐，总有人会更擅于处理特定的问题，比如在中国，女性一般会掌管家里的财政大权。在中国和其他重视孝道的国家，成年子女也经常听从有经验、有智慧的年长父母的意见。

我们并非意在说明亲密关系中出现的非平等因素总是合理的。我们反对任何有可能导致一个人对另一个人采取非自愿身体暴力的关系，无论受害者此前是否沉迷于此，并且我们不会试图为这种关系辩护。我们想讨论的是，如果亲密关系中非暴力的等级涉及双方地位的灵活转换，这种等级就有可能是合理的；如果一个人处在什么地位是固定的、不可改变的，这种等级就会产生问题。更重要的是，家庭成员之间和爱人之间不断变化的地位互换为亲密关系中的互动增添了许多色彩和欢乐。朋友之间的互动或许是唯一的例外，这是一种确实以平等为默认前提的社会关系，除非在某种极端情况下我们默认的社会平等立场不再适用。即使是尊重个性差异的友谊观，也要求双方待遇相当，没有任何权力或地位上的差异。朋友在道德和社会上都是平等的，也许这就是许多杰出的西方和中国传统思想家们都将友谊视为最高或最理想的社会关系的原因。但对于这个问题，他们的观点是否正确呢？

1. 友爱与爱情

万历七年（1579 年），一位当时在中国民间负有盛名的儒家学者与社会活动家何心隐，已经被朝廷通缉了两年多。在这两年多的时间中，他的朋友们一直在帮助他辗转躲避追缉。最终他还是被逮捕了，于 1579 年的秋天死于狱中。根据他的遗言[①]，

[①] 何心隐：《何心隐集·遗言孝感》，"望于湖广城收我骨骸，……与台老合为一坟于孝感，是望也"。

他的朋友程学博将他与兄长程学颜合葬一处①。这是中国历史上为数不多的儒者与朋友合葬而不是与亲族葬在一起的例子。当时同样激进的儒者李贽评价何心隐："人伦有五，公舍其四，而独置身于师友贤圣之间。"②

作为儒家理念的五伦③，也就是儒家最为看重的五种人伦关系，君臣、夫妇、父子、兄弟、朋友被认为是每个人都应该积极践履的人伦关系，每个人应当根据各自具体的伦理处境，从这五个方面出发来筹划、实现自己的人生。然而，到了明代，何心隐剔除君臣、夫妇、父子、兄弟，唯独推崇朋友一伦，在当时被视为狂妄不羁，他也被称为"狂儒"，这实在是儒家思想发展史上既惊人又动人的一幕。一般说来，儒家学者看重的是地位有所差异的关系，五伦之中，君臣、夫妇、父子、兄弟这四种都是具有地位差异的人际关系。朋友作为一种相对平等的关系就显得极为突出，儒家把朋友关系视为五伦的最后一伦也有其深意。如果没有前面四种具有地位差异的关系，那么朋友关系很难得到界定，我们似乎可以把朋友关系推广到所有人，天下所有人都是朋友关系，然而这显然并不是儒家的观点。

---

① 程学博：《祭梁夫山先生文》，"万历己卯秋，永丰梁夫山先生以讲学被毒死。癸未冬，门人胡时和始得请收其遗骸，祔葬于后台程公之墓，从先生遗言也"。

② 李贽：《焚书》卷三《何心隐论》。

③ 参见陈寅恪悼念王国维的挽词序，其中写到儒家的三纲六纪犹如柏拉图的理念（Idea）。

相应地，与孟子同时期的古希腊的亚里士多德也很明确地表示，一个人不可能拥有很多朋友（《尼各马可伦理学》第八卷，1158a10）。"朋友是另一个我（alter ego）。"亚里士多德的这句话流传至今已经变成老生常谈，但这毕竟揭示了一个被反复验证的事实——朋友，作为另一个我，与我本身是对等的。亚里士多德花了众多篇幅论证友爱的真正形式是友爱双方相互为了对方的美德而共同生活、缔结友爱，完善的友爱是好人和与其在德性上相似的人之间的友爱。在这个原型的基础上，很多类似于友爱的关系也被笼统称为友爱，比如因为对方的美貌而结成的友爱，又或者因为利益而结成的友爱，甚至乘同一条船的旅人之间也有一种友爱。友爱的原型及其衍生的区别在于促成友爱的原因，而任何一种友爱关系一旦促成，友爱的天秤立刻搭建起来——不对等的两个人无法构成友爱关系。

自古以来，对于友爱的讨论都离不开这种平等感。蒙田在讨论友爱之时也认为父子之间没有友爱，毕竟父子之间差距太大，孩子对父亲抱有尊敬是更适宜的。朋友处在相近的位置，也分享着相似的品质，并且友爱不会激荡起爱欲那样强烈的激情，这就是为什么蒙田认为友爱是一种温和的热情[①]。也正因如此，蒙田认为友爱远远优于爱情，爱情并没有友爱那么长久："肉欲的目的是容易满足的，爱情也会因它享受到了而

[①] 蒙田著，马振骋译：《蒙田随笔全集·第1卷》，上海书店出版社，2009年，第169页。

失去。友爱却相反，期望得到它，则会享受它，因为这种享受是精神上的，友爱在享受中提高、充实、升华，心灵也随之净化。"①这也与我们当今大多数人对于爱情与友爱的看法相似，认为友爱是更为精神性的，而爱情总是不得不与肉体可悲地（当然也是甜蜜地）捆绑在一起。

然而，蒙田仍旧做出了一个极为有趣的反转。在亚里士多德看来，爱（情）是一种感情上的过度（《尼各马可伦理学》第八卷，1158a10），是与"完善的友爱"近似的品质。我们总以为美德是一种中道，殊不知美德才是真正的极端。亚里士多德所谓的"完善的友爱"要求双方互有善意，并且相互了解对方的善意，因为对方自身的缘故希望对方好，而他们自身也是有美德的人，他们共同生活，形成共同的伦理美德。这种完善性难以达到，以至于亚里士多德本人在《尼各马可伦理学》中甚至给不出哪怕一个例子来说明这种理想状态。同样地，亚里士多德所谓的爱情与"完善的友爱"一样极端。但是蒙田认为爱情作为一种不成熟的品质，可以转而进入成熟的友爱阶段，爱情之中的急切与狂妄都会慢慢消退，转而让人得以慰藉。

值得注意的是，到了 20 世纪，哲学上再度出现了关于友爱与爱情的反转论述。列维纳斯在讨论这一差异时，恰恰选择了蒙田《论友爱》里对于友爱的描述来刻画爱欲之中爱人的临

---

① 蒙田著，马振骋译：《蒙田随笔全集·第 1 卷》，上海书店出版社，2009 年，第 170 页。

显——就像一种温和的热情。他对友爱的解读反而回归了柏拉图《会饮篇》中阿里斯托芬的故事，众所周知，那是讨论爱欲的著名篇章。接下来我们讨论这一最近的反转。

我与我的朋友，我们通过和对方的关联相互定义。他是灵魂伴侣（知己，l'âme sœur），是"另一个我"（至交，alter ego）。俄瑞斯忒斯（Orestes）与皮拉得斯（Pylades）就有着如此的关联。友爱的关联就像小弹珠与它所停在的凹槽的关系。柏拉图的《会饮篇》中，阿里斯托芬讲述的神话里的两个存在（l'être double），与其说关涉爱，毋宁说关涉友爱。友爱之中一切动力都退席：朋友相互占有，毫无忧虑，不存在什么举动使得友爱能够实现，因为友爱本就如此，且不得不实现……只要去感受与我们的脉搏相关联的那一实存的搏动就在我们身边，并充实着我们的脉搏就足够了。于是，友爱的他异性失却了它的他异性。并非朋友变成光线下既定的对象，恰恰相反，友爱本身就是这种与他人的关系，与他的实存的关系。相对不那么显而易见的是，友爱补全了我们；友爱的关系就是一种对朋友的占有——朋友是既定的。[1]

---

① Emmanuel Levinas, *Eros, Littérature et Philosophie* (Paris: Éditions Grasset, 2013), pp.173-174.

我与朋友的关联使得我们可以相互定义，这种定义的根基在于朋友就是"另一个我"，这是我与"另一个我"的相互定义。我对这样的存在者有所依恋，同样地，他对我也有所依恋，于是我们成为朋友。这延续了亚里士多德以降对于朋友的一般定位——另一个我，但列维纳斯的处理方式更为极端。在友爱中，朋友的实存与我直接关联，这种直接关联就像柏拉图《会饮篇》中阿里斯托芬所讲的故事里描绘的，是朋友对我的补全（complémentaire）："就是这样，从很古的时候起，人与人相爱的欲望就根植于人心，它要恢复原始的整一状态，把两个人合成一个，治好从前剖开的伤痛。所以我们每人都是人的一半，是一种合起来才成为全体的东西。所以每个人都经常在寻求自己的另一半。"[1] 在阿里斯托芬的故事里，没有爱人的个体是不完整的。在列维纳斯的叙述中，没有朋友的个体是不完整的（尽管我们发现他在一定程度上拒绝这种完整）。

当我们找到了自己的朋友，"就像小弹珠与它所停在的凹槽的关系"，我与朋友"相互占有"。占有，就是"没有间隔"[2]。朋友挨着我们，同声同气，心脉相连，这种联结所带来的补全就是我们的栖身之所。我们安居在友爱里，没有朋友，

---

① 柏拉图著，王太庆译：《柏拉图对话集》，商务印书馆，2004 年，第 311—312 页（191C-D）。

② Emmanuel Levinas, *Eros, Littérature et Philosophie* (Paris: Éditions Grasset, 2013), p.173.

我们无处可以栖居，而朋友之间相互栖居的标志是彼此占有。朋友，是我的（朋友），而我也"属于"我的朋友。正是通过这种相互占有的方式，我与朋友连为一体。在列维纳斯看来，友爱是一种相互占有的关系。这种相互栖居还体现在朋友间的交往方式中，也就是同情共感（sympathie）："处在他的位置，借由我自己的情感（sentiment）去重新体会我的朋友的情感，为他的欢欣而开心，为他的痛苦而哀恸。"[①] 如同停留在凹槽里的小弹珠，如同找到了属于自己的另一半的完整的人，如同阿里斯托芬神话里的火神把两个人熔成一体，距离的消弭使得我能够处在朋友的位置去体会他的一切情感。可是，很多时候，当我们说到同情共感，好像这是种很轻易就能拥有的善良态度。事实上，处在另一个人的位置去体会他的情感，并不是我们对于任何他者都能够做到的事情。列维纳斯的"共感"明确预设了一个条件，就是人与人之间的距离已经被跨越。友爱之中，两个存在者之间距离的消弭是友爱的本质特征，正是这种距离的消失使得他们融为同一个存在，相互处于对方的位置（其实是站在了同一个位置）实现了同一。这种同一甚至已经超越了平等的本来意涵，因为当我们说平等的时候，指的是两个存在者处于同等位置，然而友爱之中两个存在者

---

① Emmanuel Levinas, *Eros, Littérature et Philosophie* (Paris: Éditions Grasset, 2013), p.192.

融合为一个。

自我朝向他者的运动直接跨越了两者之间原本存在的距离，"另一个我"与"我"黏在一起，两个存在（l'être deux）成为同一个，成为一个完整的人、一个整体。此时已经不存在我的实存或者我朋友的实存，当"另一个我"与"我"成为一体时，呈现的就是我与朋友的同一体（Même），从同一的角度来说，我与朋友都只是不完整的个体，唯有成为同一的总体才算作完整。

然而，朋友在最初不也被预设为与我有所距离、有别于我的另一个存在者吗？当他由于具有与我相关的诸种特质而与我成为朋友时，就像阿里斯托芬所讲的神话里，那终于重逢的、互为另一半的两个人，"他们马上就会互相爱慕，互相亲昵，可以说片刻都不肯分离。他们终生在一起共同生活，也说不出自己从对方得到什么好处"[①]。距离被友爱缝合了，正要向着他者运动离开自身（soi）的自我（moi）又滑落回自身，再也没有什么动力可言，运动已然停止。在友爱当中，我们并没有实现最初的美好愿望。当"我"认出了"另一个我"便当即心生渴求，这一渴求就是成为同一，成为整体，而它也着实得到了满足。

---

① Emmanuel Levinas, *Eros, Littérature et Philosophie* (Paris: Éditions Grasset, 2013), p.312.

阿里斯托芬式的爱欲被列维纳斯诠释为互相占有的友爱，在这种友爱当中，朋友并没有作为他人与我发生关联，朋友与我终究成为一体，我们实现的不仅仅是平等，而是完全的同一。在这个意义上，我们谈友爱的平等似乎有时间上的错位。当我们说友爱之间的平等，我们指的是在友爱发生之前的两个存在者将在友爱之中站在同等的位置从而实现平等。然而，友爱发生之后的事实却是，两个存在者之间的距离被消弭了，他们熔化自己成为一个整体。平等需要的最起码是两个实体，而友爱之中只有一个实体，就是朋友组成的友爱的共通体（communauté）。这个共通体是一个同一体，它不能再分为两个部分然后实现部分之间的平等，它是坚硬的、自我同一的、不可分割的实在。

列维纳斯对于友爱的再诠释，打破了人们对于柏拉图的《会饮篇》里阿里斯托芬所讲的神话故事中爱是爱者与被爱者的融合的惯常理解。他同时反对把友爱理解为完全精神性的、无私的美德，友爱中的两个实存者通过占有对方、成为一体来实现整体的圆满，美德的共鸣使得双方能够将心比心、同声同气，以至于彼此认定相伴一生。看似我们通过平等的友爱获得了一种完整性，但就在相互占有的过程中，自我与他者混而为一。朋友不仅仅是另一个我，朋友也成为我本身。

我们可以接受列维纳斯对古典友爱的批判：朋友和我毕竟

是两个不同的存在者，但是在友爱的关系中却模糊了个体的边界，出现了一种融合。不过列维纳斯想要极端地区分友爱与爱情，这点我们未必接受。古典时代的友爱与爱情没有那么明确的区分，爱情当中有一些（或许不多，也不是最重要，却不可缺少的）相互对等的因素，而好朋友不需要也不应该完全合二为一（如果有的话，恋人更有可能以不健康的方式融合[①]）。在友爱中，每个人可以是平等的，也可以是不同的，可以帮助对方提高她/他的自我，并以她/他自己独特的方式蓬勃发展。关于爱情，我们也可以接受列维纳斯的观点，即恋人应该保持清晰的界限和确切（但非常近）的距离。但在这点上，他走得太远了。完全取消权力关系意味着什么？文化人类学家克里斯托弗·博姆借鉴了关于动物世界和人类社会的大量研究结果，认为人类有一种与生俱来的支配倾向，也有一种天生厌恶被支配的倾向。[②] 等级是人际关系中无处不在的特征，希望它消失是不现实的。这并不是说平等的友爱不好，但任何社会关系都需要为等级特性留出空间，我们不能一味地批判和盲目地消解等级。当我们看到存在"差异和排序"（也就是"等级"）的现象时，或许可以稍稍按捺我们的直觉冲动，思考为什么这会让

[①] 由美国奈飞（Netflix）出品的剧集《爱、死亡与机器人》第三季的最后一集《吉巴罗》便是例证。

[②] Christopher Boehm, *Hierarchy in the Forest: The Evolution of Egalitarian Behavior* (Cambridge, MA: Harvard University Press, 1999).

自己特别反感？我们会发现，其实大部分时候导致我们反感的是僵化与错位的排序方式，而我们可以做的是探讨排序方式的道德基础，并据此来纠正不正义的等级。

我们还可以参考自己的经验，这些经验最终可能比伟大的哲学家所说的更有说服力。我们似乎很难反对说友爱之中的这种平等的融合不好，我们可以向朋友学习，正是因为他们不同，也因为我们不总是沉浸在与朋友镜映（mirroring）的同一性（sameness）里。但我们的经验会说，友爱并不是大多数人心目中最高或最理想的社会关系，想想恋爱时期的毁灭性说辞："我们还是做朋友吧。"这类措辞暗示着爱情还是比友爱更值得追求。但是，爱情为什么比友爱更好呢？按照列维纳斯的解释，爱情是一种具有无限性与他异性的关系，能够让人真正地走出自恋的同一性陷阱。经验也会告诉我们，恋人通常更关心彼此：他们通常比普通（甚至最好）的朋友都更关心对方，也愿意为了对方做出牺牲。还有一个更显而易见的原因是，我们和爱人相处的时间更多，尤其在家庭当中，总有无数大大小小的事务需要夫妻两个人去处理，这时候通常会有一个自然的让渡决定权的过程。正是出于强烈的爱与信任，在以爱情为基础的现代婚姻中，夫妻双方自愿地让更擅长处理某些问题的人来全权应对这些问题，而这种让渡所带来的好的结果又加强了爱意与信任，这是在友爱之中不那么容易发展的部分。

情感联结的深度取决于共同生活的强度，我们与家庭成员相处得最多，或许矛盾也最多。以下我们来探讨家庭当中成年子女与父母的关系。

2. 传统家庭的现代病 [①]

现代社会中的家庭早就已经倾向于去掉层秩而趋于扁平化。父母以做孩子的"朋友"为豪，孩子以和父母甚至祖父母彼此平等相待为荣，家庭看似成了没有长幼之分的场域，但明处暗处代际的矛盾似乎又从未退场。近代中国"破家非孝"的思潮看似获得了巨大成功，翦灭了家庭中的层秩，却是不彻底的。当今中国的家庭依旧面临着古代家庭的层秩问题，尤其当父母强势干涉成年子女选择专业、就业、婚姻，甚至养育孩子等成年人本来应该自己做决定的事情时，成年子女想要凭借那些和父母彼此平等相待的经验试图摆脱父母的干涉几乎不可能。刻意地取消家庭内部层秩带来了切实的痛苦后果，孩子从小没学会做孩子，要和父母做"朋友"，难道不是父母揠苗助长让孩子被迫成了"小大人"吗？而成年的孩子又不像成年人，因为他们从小就处在不真实的成年状态，以至于根本没有成长，还是父母幼稚的、"平辈的兄弟姊妹"。

---

① 本章节以下部分发表于汪沛、贝淡宁：《以年龄为基础的家庭正序：辩护及其限定》，《中山大学学报（社会科学版）》，2021 年第 3 期。文中略有改动。

在日常的讨论甚至学术的语境中，似乎错的都是等级，家庭内部关系扁平化之后就能解放每一个家庭成员。这里暗示了一个可能的方案：真正彻底地取缔家庭内部的层秩关系。但这个方案的可行性又有多高？"幼有所长，老有所终"，这两句已经不仅仅是儒家的伦理常识。幼子谁来养，老人又依靠谁？这里存在真实的求助与依赖关系。在家庭内部，人和人之间存在的并不是同一性关系。依据不同的伦理价值，在具体的伦理语境中必然存在排序：家庭中的层秩就是真实且必然存在的伦理事实。但何种层秩是合理的？我们称这种合理的层秩为正序，那这种正序又应该基于何种存在理由，需要哪些具体限定？

接下来我们会讨论现代家庭因为缺乏层秩而导致的新病症，并给出我们的解决思路——重建以年龄为基础的家庭正序，最后对我们所提供的方案加以限定，使其更贴合中国社会的现实。

当中国的哲学家在今天重新讨论家与孝的问题时①，我们需要意识到现代家庭的疾病并不仅仅是百年前文人所批评的那个部分，有一个更紊乱的部分亟待正视（如果连正视的勇气都需要积攒很久，就远远谈不上亟待解决），也就是家庭内部层

---

① 相关文献可参见：张祥龙，《家与孝：从中西间视野看》，生活·读书·新知三联书店，2017年；孙向晨，《论家：个体与亲亲》，华东师范大学出版社，2019年；唐文明，《仁感与孝应》，《哲学动态》，2020年第3期。

秩消失带来的代际混乱，代际混乱直接带来了时间的无序，而时间的无序会直接带来道德的堕落。① 暴力压平家庭内部层秩的后果就是为家庭带来了代际混乱的现代病。在这里我们引用张祥龙教授的诠释，即孝爱从根本上讲是亲子关系中的一种，而亲子关系首先是时间关系，即代表过去的父母和代表未来的子女的当下共同存在；换句话说，父母对子女的慈爱和子女对父母的依恋及孝爱，两者交织成活生生的现实家庭生活。家从根本上看就是代际生存时间的生发境域②。近代中国"破家非孝"意在打消这个部分，而当今的家庭已扭曲了时间关系。

按照张祥龙教授的现象学诠释，孝爱的出现契机之一就是人类子女去养育自己的子女之时，"过去父母的养育与当下为人父母的去养育，交织了起来，感通了起来。当下对子女的本能深爱，与以前父母对自己的本能深爱，在本能的记忆中沟通了，反转出现了，苍老无助的父母让他/她不安了，难过了，甚至恐惧了。于是，孝心出现了"③。对于一些幸运的人，孝意识的时间触击是一种实存的瞬间。但也有很多人的经历是，他们还远远不至于"苍老无助"，甚至还精神抖擞的父母要强势

---

① 张祥龙：《〈尚书·尧典〉解说：以时、孝为源的正治》，生活·读书·新知三联书店，2015 年，第 87 页。

② 同上，第 101 页。

③ 张祥龙：《家与孝：从中西间视野看》，生活·读书·新知三联书店，2017 年，第 105 页。

干预孙辈的养育和教育，在此之前父母或许已经强势干预了子女的婚姻和工作。不安、难过、恐惧，子女的这些情绪迟迟无法出场。对于这些不那么幸运的人，是不是要等到父母头秃齿摇，彻底具有一个生理上的完败弱者的形象时，"孝意识的时间触击"才有可能出现？[①]

或许问题应该转变为，孝爱与慈爱都需要主体极为强烈而分明的时间意识，这种清晰的时间意识搭建起家庭的层秩，否则父母不代表过去，子女也难以代表未来。在古代，个人或许同时属于家族、宗族等更大的共同体，而从不只属于自己的父母。在大家族支离之后，核心家庭成了普遍现象，这时候子女似乎可以单纯地只属于父母了。父母养育子女的不易成了父母可以将子女当作所有物的理由，似乎生恩可以自然地换来所有权和处置权。这实在是对生生之道的极大扭曲和侮辱。

父母生养子女，也意在延续自己的生命。子女的出生给父母带来了新的生命的篇章。这崭新的青春时间是由子女的降生开启的，这一开启是天（地）人之伦的"理一"分殊到父（母）子之伦的具体展现。"既然天地之大德曰生，而天地之心为仁，那么，生生就是天地之仁心的具体表现。既然天地与万物之间的生与被生的关系类同于父母与子女的关系，那么，天

---

① 这一部分的更多讨论参见汪沛：《孝顺的尴尬与慈爱的局限》，《中华读书报》，2020年9月30日。

地之心所包含的那种爱也类同于父母对子女的那种爱，也就是我们一般所理解的慈爱。"① 天地生万物却不会附体于任何一物，而父母生养子女若意在霸占、附体、偷盗子女的时间，人类的繁衍就成了无意义的自我复制与喃喃自语。

父母给予子女生命，子女同时也开启了父母青春的延续。在子女展开新的时间与生命乐章时，父母的生命中也出现了新的可能性。这种可能性需要父母亲自确证。父母如果不通过关爱和抚育子女来体会生命中的新角色、新境遇，甚至新挑战、新困境，那么子女对于父母没有真正的时间性的意义，父母对于子女的生恩也同时落空。子女多的父母有时候喜欢拣选自己偏爱的孩子。比如重男轻女，甚至只想要生男孩，这都是父母在主动地拣选自己未来的可能性。那些父母拣选的是他们对于未来的具体想象，所体现的也是他们对于当下自我的认知。子女出生就已经历了父母的拣选，很多不健康的婴儿遭到了遗弃，健康的儿童还需要同自己的兄弟姐妹或者同龄人竞争以博得父母的欢心。父母通过这种拣选和认定来延续自己的生命，危险的是，父母也在通过这种拣选和认定霸占明明属于孩子的未来的时间。我们需要反思的是，天地生万物时有这种拣选吗？这些热衷于拣选的父母生养子女时又谈何理一分殊天地之大德？

----

① 唐文明：《仁感与孝应》，《哲学动态》，2020 年第 3 期。

我们或许不得不承认，慈爱的困难与孝爱的困难其实不相上下。但是在我们的语境中，这两种感情存在层次的差异。慈爱似乎出于天然，不用习得；而孝顺则需要更多良知的唤醒，需要一个"孝意识的时间触击"。然而，慈爱不需要一个"慈意识的时间触击"吗？或许我们应该承认的是，不仅孝爱不是物理上自然的、现成的，慈爱也同样如此。未经历深刻时间化过程的爱都是无明甚至有害的，慈爱甚至先于孝爱需要主体自行进行这种时间化的自我启蒙。格物之物首先就是指亲子关系。[①]父母养育孩子，尤其是婴儿的时候，总有很多瞬间忽然体会到稚子的纯真可爱、无辜娇弱，以及对自己的无限信任、依赖，甚至无端崇拜。在这些瞬间，父母也获得了自己唯一性的确立。因为他们是这个孩子的父母，在体会稚子对他们的热爱时，也决心要保护、养育和陪伴这个孩子——在当下这个时刻与代表未来的时间的关系里，爱意的源头自然地开示了出来——这一亲子关系是唯一而且独特的。亲子关系是天然的，又不是天然的。如果没有父母一次又一次亲自确证这样的时刻，亲子关系就止于生育这一生物性的层面，而不具备伦理性的内涵，遑论分有天地生生之德。

"幼有所长，老有所终"，其实就是相应于"慈意识的时间

---

① 张祥龙：《家与孝：从中西间视野看》，生活·读书·新知三联书店，2017年，第42页。

触击"和"孝意识的时间触击"这两种深刻的时间化经验的出现。真实的伦理生活总是建立在复杂的社会关系中，亲子关系是其中最为亲密的一种。要意识到这种至亲至爱的亲子关系中的界限，其实并不容易。感情尤为纯真，界限就尤其模糊。一旦父母的时间之流与子女的时间之流出现紊乱，子女就再也不是父母生命的延续，而只是父母生命的复制；父母也不再是子女的来处，而只是子女的僵化模板。父母对子女的慈爱僵化为一种控制，子女对父母的孝顺则会被这种控制逼迫得荡然无存，而等父母真的老迈到不能自理，子女对父母的孝顺又会僵化为对父母的控制。

亲子关系中的慈爱需要不断地通过父母的主动意识去激发和焕新，就像孝爱也需要一些特定的时间点去激发一样。让子女真正成为子女，而不是父母的附属；让父母成为真实的父母，而不是子女世界中无所不能的人。这种自我身份的发现和确认，需要亲子双方都清晰意识到自己的时间之流。尤其当家庭的层秩被虚伪的特定价值铲平，本该出场的"慈爱"被化妆为"称兄道弟"的平辈情谊，很自然地，"孝顺"就会因为父母对子女时间的霸占与附体而被挤压得毫无出场的空间与时机。

如果我们认为有层秩的家庭是"传统"价值，那么拒不承认层秩又无法不在层秩之中的家庭必然得了时间之流错乱、道德堕落的"现代"疾病。孙向晨教授在《论家：个体与亲亲》

这本意在拯救家庭的著作中写道:"在现代世界,重新为'家'正名;让我们在新文化运动一百多年之后重新出发。"[1]这意味着我们需要以谨慎的进步主义态度,或者说进步的保守主义态度来对传统和现实进行双重检讨,在"家"这一传统价值中推陈出新,挽救家,也安顿个体。我们主张正视家庭层秩,为慈爱与孝爱正名,基于此重新确立家庭正序,在这呼应天地之心的正序里安顿个体。

3. 家庭正序的构造

在家庭之中,老年人和年轻人之间存在层秩上的差异,这是中国文化的核心。例如,尽管对人性的出发点完全不同,孟子和荀子都同意,在家庭里,人与人之间应该有以年龄为基础的层秩差异。基于年龄的层秩植根于孝爱[2]的理念。我们应该尊重年长的家庭成员,并将这种敬意延伸到整个老年人群体。

每个已知的社会都接受父母和孩子之间的这种理智和能力上的差异,就像亚里士多德在《尼各马可伦理学》中反复提起年轻人需要听从父兄的教导,犹如灵魂中情感的部分听从理性的部分那样。父母显然拥有超过孩子的知识和美德,所以父母应该将孩子养育为优秀的年轻人。当孩子们成年后(例如十八

---

[1] 孙向晨:《论家:个体与亲亲》,华东师范大学出版社,2019年,第4页。

[2] 值得注意的是,孝爱并不是简单地指孩子应该服从父母的想法。

岁左右），在西方，人们默认成年子女和他们的父母是平等的，家庭中基于年龄的层秩关系不再合理；在中国，尤其是在古代中国，父母继续对成年子女拥有某种形式的不平等权威，同时成年子女应该为年迈的父母服务。当我们讨论家庭正序的时候，这些常识的差异是我们思考的起点。

那么，支持成年子女和父母之间基于年龄的正序的论据是什么呢？我们在此讨论六个论点，希望可以构成基于年龄的家庭正序的有力论证。第一个论点是这种基于年龄的正序唤起了互惠的价值。父母在子女小的时候照顾子女，当他们年老体弱的时候，成年的子女有义务照顾年迈的父母。在西方，成年子女也会照顾父母，但这只能被理解为他们的个人选择，并不被视为一种天然的伦理要求；在中国并非如此，成年子女必须照料、体贴他们年老的父母，这一规范通常会通过法律手段得以强化。我们相信中国未来也将在提供老年护理方面发挥更大的制度作用①。尽管如此，我们负有的赡养父母的义务并不必然转化为年迈的父母与成年子女之间的层秩关系：一个不恰当的比方是，我们也有义务照顾家里的宠物，但宠物不是我们的主人。因此，我们需要更多的论据来证明这种家庭正序。

---

① 在具有儒家传统的其他国家也是如此：在新加坡，未得到物质支持的父母可以将成年子女告上法庭，这一法律在孝道方面具有重要意义，参见 http://eresources.nlb. gov.sg/infopedia/articles/SIP_1614_2009-11-30.html。

第二个论点则依据从经验中学习的价值。在这一点上，就连动物也是如此：动物群体中的领袖往往更为年长、更有经验。[1] 人类可以有意识地长期致力于学习，以拓宽他们的智力与视野。学习是一个永无止境的积累知识的过程，也是一个耗时的过程，而老年人更有可能长时间学习，以期改善他们的生活。因此，在其他条件不变的情况下，成年子女需要尊重并格外重视年迈父母的智力判断。但是这个前提条件其实很脆弱。例如在数学或物理等学科中，最好的智力工作往往是由二三十岁的青年科学家完成的。如今，年轻人经常需要向年迈的父母（和祖父母）传授现代电子产品的使用方法，这些设备对于日常生活至关重要。因此，我们还需要更多的论据来支持基于年龄的家庭正序。

第三个论点有赖于情商的价值。[2] 一般来说，情绪智力通常是指社交技巧，例如自我意识、自我调节能力和理解他人的能力。情绪智力通常会随着时间的推移而增加。随着年龄的增长，我们会经历不同的角色，例如与工作场所的上司、同事和下属打交道，并加深我们在特定角色中的经验——具有 10 年工作经历的社区组织者应该比刚参加工作的组织者更有经验。

---

[1] Peter Wohlleben, *The Inner Life of Animals* (Vancouver/Berkeley: Greystone Books, 2017), p.114.

[2] 参见 Daniel A. Bell, *The China Model* (Princeton: Princeton University Press, 2016) pp.95–96。

因此，一般而言，只要我们保持对自我完善的追求和对社会互动的渴望，我们就更懂得如何与不同类型的人合作。事实证明，科学研究也有相似的洞见："可以肯定的是，情商会随着年龄的增长而增加。"弗雷达·布兰查德-菲尔德的研究比较了年轻人和老年人对压力的反应，"结果表明，在解决情绪冲突时，老年人比年轻人更具社交敏锐度。他们更有能力做出维持人际关系的决定……她发现随着年龄的增长，我们的情绪也变得越发平和——我们能够根据自己的情商和以往的经验适应不断变化的情况，因此在大体上比年轻人更容易做出更好的决策。"① 其他研究表明，老年人似乎特别擅长快速释放负面情绪，因为他们重视社会关系，而不是更在乎社会关系破裂带来的自我满足感。② 简而言之，我们有充分的理由在家庭环境中赋予理智而年长的父母权力——给他们更多的发言权，因为他们更有可能具有较高的社交能力。这些都是可以支撑家庭正序的社会科学论证。但是，在这点上有一个极端的可能性在于社交技能高超的反社会分子，他们情商远远超出普通人，与木僵、迟钝的人相比，他们能更有效地操纵人心以达到不道德的目的。因此，情商这一理由仍不充足，我们还需要更多的论据来证明家庭的

---

① Stephen S. Hall, *Wisdom: From Philosophy to Neuroscience* (New York: Vintage Books, 2010), p.229.
② 同上，第255页。

正序。

第四个论点在于道德进步的价值。[1]亚里士多德在《尼各马可伦理学》第六卷谈到实践智慧的时候，说培育这种美德所需要的最重要因素是时间。《论语》被提及最多的一句话是孔子对自己一生的概述："吾十有五而志于学，三十而立，四十而不惑，五十而知天命，六十而耳顺，七十而从心所欲，不逾矩。"在当代中国，这句话有点遭到曲解：例如，三十岁的人认为孔子是在说他们应该在事业上站稳脚跟。但孔子所回顾的是他本人道德提升的过程：随着年龄的增长，他的道德直觉提升了，他的心灵境界也日益完善。为什么他认为道德会随着年龄的增长而提高呢？文书说得不是那么清楚，但老年人有更强的道德判断能力的一个原因或许是，他们不太可能被情欲奴役。柏拉图在《理想国》里也有类似的讨论：情欲随着年龄的增长而减弱，情欲和行善之间的冲突可能会减少，老年人的情欲更容易控制，更容易服从于道德原则。尽管如此，我们都知道并不是所有的老年人在道德上都值得尊重，所以我们还需要更多的论据来论证基于年龄的家庭正序。

第五个论点援引了经济平等的价值。张泰苏认为，在近代早期的中国，以辈分为基础的社会等级维护了非常持久的社会

[1]　参见 Daniel A. Bell, *China's New Confucianism* (Princeton: Princeton University Press, 2008), p.153。

经济平等。与近代早期英格兰的类似制度相比，清代和民国的财产制度往往给较为贫穷的社会阶层提供了更多的经济保护："清代和民国的财产制度相对来说的'平等主义'倾向，源于中英两国农村社区分配社会地位和排序的不同方式。等级森严的'儒家'宗族网络主导着中国大多数村庄的社会和经济生活。在这些网络中，一个人的地位和排序在很大程度上取决于他的年龄和辈分，而不是个人财富。这让许多低收入家庭享受到了与其财富极不相称的地位和排序。"①换句话说，家庭和村庄层面基于年龄的等级，实际上对社会层面的经济平等有一定促进作用：如果人们因为年龄而不是因为财富被赋予等级之中更高的分位，国家就不会那么专注地倾向于制定有利于富人的政策，而总体效果——相对于不那么重视老年人的社会，将是财富分配的合理化。当然，这样的政策自身是存在问题的，因为它基于一种迂腐的父权假设：在传统的中国社会，只有老年男性才有实质性的权力。在性别平等已经成为常识的今天，如果我们担心财富分配的极端不平等，那么原则上应该努力同时赋予家庭和当地社区中的老年男性与老年女性以权力。不过，更大的问题或许存在于操作层面。张泰苏反对经济平等的"社会主

---

① Zhang Taisu, "Social Hierarchies and the Formation of Customary Property Law in Pre-Industrial China and England," *The American Journal of Comparative Law* 62 (2014): 71.

义"道路，理由是这条道路涉及太多的胁迫，包括强有力的国家监管和自上而下蛮横的财富分配。尽管赋予家庭和当地社区的老年人权力并不会导致太多的胁迫，但是我们几乎可以肯定，社会上的其他人会强烈反对这样的措施。

第六个论点有关和谐的价值。儒家对和谐的思考取决于这样一种观念：在发生冲突的情况下，有一个拥有最终决定权的"决定者"。如果没有"决定者"，各派系各自为政、争抢不休，就很容易破坏社会和谐。理想情况是，政治上的"决策者"是德才兼备的公职人员。然而，家庭不是（也不应该是）选贤与能的场所。家庭应该以爱和非正式的规范来管理，让年迈的父母在掌权之前接受一系列智商、情商和道德测试是荒谬的。但是，赋予年老的家庭成员以权力是有意义的：因为他们对家庭有诚挚的情感和付出；经验最多，知识也最丰富；情商更高；更有可能控制他或她的动物属性。尽管有很多不符合这些条件的老年长辈，但家庭中年长的成员更有可能具备这些特质，而不符合这些条件的年轻一辈或许更多。此外，赋予家庭里的长辈以权力也可能促进共同体中更多的经济平等。无论如何，我们总有一个很好的理由赋予家庭中年长的父母以权力。

对于家庭内部正序的论证，我们可以先告一段落。在展开对这一正序的条件限定之前，我们需要补充一个非常重要的因素，也就是人在家庭正序之中的角色和地位不是一成不变的，基于年龄的正序中的角色和地位会随着时间的推移而变化。孩子会长大成人，也会有自己的孩子，他们最终对自己的成年子女将会拥有与他们的父母曾经有过的同样的权力。从这个意义上说，基于年龄的正序与永久固定的基于种族或性别的等级相比，有着根本上的不同，因为前者让一个人有机会体会身份和地位的转变。此外，成年子女和年迈的父母之间的正序往往以角色完全颠倒而告终。超过了一定的年龄，父母往往会因为身体和精神的恶化而失去自理能力。例如患有阿尔茨海默病的父母确实会随着时间的推移而逐渐丧失理智能力，以至于他们最后会变得像无助的婴儿，此时自然由成年子女来负责决策家庭事务。在这一点上，正序之中的角色完全颠倒。

4. 正序的限定与爱的界限

我们需要重申，我们反对任何层秩的僵化，而任何具有结构性的存在总是倾向于僵化的。家庭之中尤为如此，任何一方滥用自己在家庭中的决策权，都是自私而愚昧的。父母养育子女，习惯了子女弱小、无助、娇柔的样子，却忘了子女已经长大成人，应该为自己的生活负责。子女侍奉年迈的父母，有时候又会完全复制父辈的专断与霸道，以至于家庭的僵化的层秩关系倒转。正序首先是正心，慈爱和孝爱发端于体会到代表过去的父母与代表未来的孩子在当下的共同存在，而要达到这一点殊为不易，我们在具体层面还需要加以更多的限定。

第一，处于家庭正序最底层的年轻家庭成员可以而且应该批评犯下道德错误的长辈。在儒家传统中，即使是年幼的孩子也有义务批评犯下道德错误的父母，《孝经·谏诤章》就明确表达了这一点："子不可以不争于父，臣不可以不争于君。故当不义则争之。从父之令，又焉得为孝乎？"

第二，虽然我们提倡在冲突情况下，成年子女理应服从年迈的父母，但从实际上来讲，这说得通吗？在关涉个人重要事务，比如选择大学、专业、工作、恋爱对象和婚姻伴侣时，成年子女并不需要盲目听从父母的意见。家庭正序中的权力不对称结构并没有给予父母过多的权柄，我们也不赞成父母亲自操持成年子女的人生大事。慈爱与孝爱是有边界的，任何一方不可以入侵、霸占、附体另一方的时间之流，在一方感到窒息和痛苦时，盲目地强迫双方沉浸在无明之爱中是不可取的。

第三，我们虽然提倡当冲突出现时，父母可以成为家庭事务的"决定者"，但这并不意味着在家庭生活的方方面面，这个"决定者"都能行使否决权。这可能意味着成年子女在做出一些重要的个人决定时有义务咨询年迈的父母，而年迈的父母却不能总是霸道地使用一票否决权。如果"决定者"总是行使否决权，那无异于摧毁整个家庭时间之流的连续性。

第四，基于年龄的家庭正序不代表基于性别的等级在家庭中是合理的。我们虽然诉诸儒家对于家庭的价值观，但是绝对否认这种基于性别的等级。我们更倾向于采纳儒家对于孝爱的论述，一个人慕父母而不只慕父亲或者只慕母亲，而父母爱子女也不只爱儿子或者只爱女儿。尤其在家庭中不该有这种性别歧视。

第五，我们也不认为兄弟姐妹之间基于年龄的正序是刻板教条的。我们认为，长兄长姊对于弟弟妹妹的权威或许取决于年龄差距。如果两姐妹只相差 11 个月，年长的一方就很难承载这种权威。但是，如果两兄弟之间有 20 岁的差距，就很有可能出现"长兄如父"的情况。

第六，我们也要极度警惕亲子对话中微妙的霸凌。[1]公共讨论通常会批判夫妻之间的暴力，称之为"家庭暴力"；也会批判校园里以大欺小、恃强凌弱的现象，称之为"校园暴力"。似乎父母对于孩子的暴力不算家庭暴力，是大众天然可以接受的。

第七，中国《刑法》第二百六十条规定"虐待罪"是指对共同生活的家庭成员，经常以打骂、捆绑、冻饿、限制自由、凌辱人格、不给治病或者强迫做过度劳动等方法，从肉体上和精神上进行摧残迫害，情节恶劣的行为。虽有法条，但虐待孩

---

[1] 参见汪沛：《孝顺的尴尬与慈爱的局限》，《中华读书报》，2020 年 9 月 30 日。

子的新闻层出不穷，而那些明明已经违法的家长丝毫不受约束，这完全是家庭中僵化的、扭曲的层秩的体现，社会和司法部门应该更积极有效地介入和干预。

第八，政府在制定有关孝道的法律时应该慎之又慎。毕竟基于年龄的家庭正序需要满足的条件极为复杂，现实也并不总能满足这些条件。例如，年迈的父母不致力于自我提升，而霸道地干涉成年子女的个人生活；父母患有精神疾病，不能为自己的行为负责；父母因为恶言恶行被社会所隔绝或离群索居，甚至拉住子女同归于尽；父母不仅有意地不帮助子女，还要伤害他们。立法的目的不应该是以国家意志强迫公民尽孝，而是开示慈爱与孝爱的伦理内涵，引导公民勉力践履。

当谈论理念的时候，我们也会提醒自己理念与现实的差距。受困于时间错乱的现代病的家庭数不胜数，我们希望至少能够揭示这一病因。豆瓣网站曾经有一个成员超过十万的小组叫作"父母皆祸害"（Anti-Parents），每个令人窒息的帖子背后都有一个层秩混乱的家庭，而当事人总是那么困苦而无解。成人之道需要伦理关系中的榜样，父母本身应该成为子女的榜样，同时这种层秩关系不必过于僵化。对时间意识的启示和深化更有体会的人应该承担起榜样的作用，主动地推动层秩关系的健康化。希望这些年轻人能够避免活成自己最讨厌的样子，在养育自己的子女时，不断去体会"慈意识的时间触击"，与自己的子女共同建构健康的亲子关系。等年迈的父母看到自己的子女用一些不同于他们的方式来爱孩子时，他们的"慈意识的时间触击"或许也会被重新激发，进而促进他们与成年子女之间健康的慈爱与孝爱关系。

在父母和子女都能意识到慈爱与孝爱的界限，家庭乃至家族的时间之流清晰而流畅时，家庭内部的正序就自然地出现了。尽管在现实中，家庭内部不总是具有正序，与层秩有关的问题层出不穷，但这不就是人类伦理生活的真相吗？真实存在的、活生生的人总是充满了缺陷，又不断努力在与他者的伦理关系（首先是家庭关系）里理解自身、纠正错误、践行美德，这不才是真正地彰显人性光辉吗？我们不可以再继续用平等、友爱、称兄道弟这些词汇，去粉饰家庭内部基于自然的年龄差异和辈分区别而天然存在的层秩关系，而是需要正视并且矫正这一关系。就如同我们不可以欺骗自己美德完备、无可指摘，而是要不断去面对自己的缺点，并在伦理实践中找到纠正的机会。假想的完美与真实的缺陷相比，实在过于诱人。拒绝层秩、批判等级容易，而看清虚假的平等太难，尤其对于天然地处在这种层秩关系下游的人来说。当我们讨论以年龄为基础的家庭正序时，我们当然认可父母与子女在尊严上是绝对平等的，但是如果我们不去正视并且不断纠正家庭内部的层秩，这种平等就很容易遭到亵渎和摧毁。

追求真正的平等，就需要重建并且维护真实的正序。人类伦理实践的起点总是在家庭之中。只有过去与未来的时间之流在当下的家庭之爱中清晰呈现，才能为民族与文化的未来奠定真正的正义基础。

中国于群的生活中，随处都很容易见出这种"尚贤尊师"的精神……辟如成一个饭团，这是大家的事情，自然需要大家出主意，大家商量，其办法须由多数表决……如果把人生看成就是在满足欲望，把政看成就是为满足大家的欲望，就要如此。但如果把人生看成是向上的，不看重生活，而另有其所重之处；换句话说，在人生向上里包括了生活问题，那就大不然了，——就将要走到另外一个方向，将要看重如何为更合理，每一个人在他向上的意思里，将要不断的求教于人，将要尊师……此时天然的就要走入少数领导的路，而非多数表决的路。

——梁漱溟《乡村建设理论》

亲密关系的特征是建立在长期面对面交流基础上的强烈的爱与关怀。在第一章中，我们论证了，如果亲密关系之中双方可以实现灵活的地位互换，打破僵化的权力关系，那么这种层秩关系是合理的。在政治共同体中，有统治者与被统治者之分，而他们的地位显然并不是平等的。在由相互信任、彼此了解的公民组成的小型政治共同体中，关于层级的合理性论证可能类似于亲密关系中的层秩。例如，在古雅典，几千名成年男性公民通过定期轮换和抽签等机制，轮流成为统治者和被统治者，这些民主机制旨在实现所有成年男性公民机会平等：使他们所有人在行政部门中担任职务的机会均等化。古雅典行政部门设定了议会的议程，任职的公民可以在频繁召开的议会会议上对政策进行协商和投票；人民法院的陪审团则由抽签选出。

这些都意在以轮流执政的方式，在公民之间建立起友爱与团结。①
虽然整个制度建立在不正义的社会层级上（奴隶和妇女承担了
大部分社会必要劳动），但这些男性成年公民之间的层级又是
合理的，因为通过轮换和抽签，每个男性成年公民总有相对均
等的机会参与统治，没有人可以在很长一段时间内把持着城邦
的统治权。

然而，城邦的时代早已远去。在大规模政治共同体中，一
个公民不可能认识所有其他的公民，人和人之间基本是陌生人
的关系，而且统治者终究是少数群体，大多数人可能一辈子都
没有机会统治他人。想象一下 14 亿中国公民通过轮替和抽签
来轮流执政，这根本不可行。我们不得不面对这个事实：体量
的大小对于政治共同体来说，是非常重要的因素。任何对于雅
典式民主的模仿都会在体量巨大的政治共同体中引发混乱。因
此，对于几乎由陌生人构成的政治共同体的内部层级需要不同
的论证。

对大规模政治共同体来说，最有影响力的替代方案是间接
的代议制民主：在自由公正的定期选举中，以投票的形式实行
民主。虽然大多数公民没有机会在大型政治共同体中成为统治

---

① 可参见 Mogens Herman Hansen, *The Athenian Democracy in the Age of Demosthenes: Structure, Principles, and Ideology* (Oxford: Blackwell, 1991)。亦可参见亚里士多德《尼各马可伦理学》中对于城邦中公民之间的友爱的讨论。

者，但至少他们每隔几年就有平等的机会选举和罢免他们的统治者。社会科学对选民理性研究的一些悲观结论[①]，以及美国前总统唐纳德·特朗普、土耳其总统雷杰普·塔伊普·埃尔多安和匈牙利总理维克托·欧尔班等具有威权倾向的煽动型领导人的当选，都让人对选举民主的道德合法性和生命力产生了怀疑。伊夫·辛多默和王绍光等政治理论家对抽签制度的历史考察和现代阐述均做了具有说服力的工作，他们认为（与选举相比）抽签更有可能同时在小规模和大规模政治共同体中实现民

[①] 萨拉·康利从社会心理学和行为经济学中引用了大量证据，表明我们的非理性选择往往会削弱目标的实现。她还得出一个政治推论，即如果政府通过禁烟和强制储蓄等政策来阻止我们按照自己的决定行事，我们就可以更有效地推进我们的目标。但她又断言，"我们需要的是一个民主选举产生的政府"，以实行"强制性的家长式作风"。参见 Sarah Conley, *Against Autonomy: Justifying Coercive Paternalism* (Cambridge: Cambridge University Press, 2013), p.2. 关于选民的非理性的讨论，参见 Bryan Caplan, *The Myth of the Rational Voter: Why Democracies Choose Bad Policies* (Princeton: Princeton University Press, 2007)；Christopher H. Aden and Larry M. Bartels, *Democracy for Realists: Why Elections Do Not Produce Responsive Government* (Princeton: Princeton University Press, 2016)。贾森·布伦南在他的两本书 *The Ethics of Voting* (Princeton: Princeton University Press, 2011) 和 *Against Democracy* (Princeton: Princeton University Press, 2017) 中提到，选民的非理性是重新思考选举民主价值的一个很好的理由。贝淡宁所著《贤能政治》（中信出版社，2016 年）的第一章讨论了贤能政治的理论和实践是否有助于弥补选举民主的四个关键缺陷。塞缪尔·巴格承认，在现代选举民主国家，大幅提升公民的政治能力极为困难，然而对于选举民主的辩护应该基于民主国家比非民主国家更能抵御危险。参见 Samuel Bagg, "The Power of the Multitude: Answering Epistemic Challenges to Democracy," *American Political Science Review* 12.4 (2018): 891–904. 本章接下来要表达的是，中国式的贤能政治制度可以改进，以避免政治僵化，并允许更多的民主参与；但对于最高层领导来说，选举民主并不是唯一合理的选拔方式。

主价值。[1] 但是，让我们把这些争论先放在一边。我们想集中讨论，在不使用定期选举来选拔领导人的大型政治共同体（例如中国）中，领导者和公民之间的社会层级是否合理。

1. 中国语境中层级制的政治传统

在体量巨大的共同体中实行层级制，最明显的理由是效率。根据历史学家尼尔·弗格森的研究，"支持层级秩序的关键动机是，它使权力的行使更有效率：'大人物'手中的集权消除了或者至少减少了极为耗时的漫长讨论，而这些议题本身随时可能升级成为自相残杀的导火索"[2]。此外，政治共同体的体量越大，对效率的考量就越倾向于少数人的层级式统治："古典政治理论的核心教训是，权力应该有层级结构，政治单位越大，权力自然地越集中在更少的人手中。"[3] 中国的政治历史证明了这一见解。在公元前 5 世纪末，"囊括了战争的必要、国家的力量和法家思想的一股思潮席卷中国：残酷战争的力量越来越有利于那些在组织和行动方面更强的国家；法家实施的法令增强了国家利用贵族力量和确切人口资源的能力；那些更彻底地

---

① Yves Sintomer, "From Deliberative to Radical Democracy? Sortition and Politics in the Twenty-First Century," *Politics and Society* 46.3 (2018): 337–357. 王绍光：《抽签与民主、共和：从雅典到威尼斯》，中信出版社，2018 年。

② Niall Ferguson, *The Square and the Tower: Networks and Power, from the Freemasons to Facebook* (New York: Penguin Press, 2017), p.21.

③ 同上，第 62 页。

实施法家政策并积极采取行动的国家可能会在激烈的军事竞争中取得胜利"[1]。当时，秦国在集中权力和促进残酷而高效的军功爵制（根据被斩首的敌军士兵人头数来决定士兵的晋升）方面是最有效率的。[2] 在多年的战乱之后，秦一统六国，而秦始皇则是中国第一个自称"皇帝"的人。

　　但我们必须反思：政治上追求效率的意义何在？私营公司将效率放在首位，是因为面对其他同样逐利的竞争对手，只有效率优先才能胜出。但对于政府而言，更需要讲求道德，只有在这个前提下，考虑效率才是合理的。国家的要义——无论国家是由一个统治者、几个统治者还是多个统治者治理，就像亚里士多德在《政治学》中所区分的那样——在于政策必须有利于被统治者（而不是统治者）。因此，如果追求效率与这一目标相冲突，它在道德上就不成立。按照法家思想，秦始皇运用了残酷却有效的手段以增加国家权力：他建立了世界上第一个复杂的官僚机构，统一了中国文字，建成了先进的交通和通信系统。然而，秦朝二世而亡，这正是因为它忽视了国家的道德使命。

[1]　Dingxin Zhao, *The Confucian-Legalist State: A New Theory of Chinese History* (Oxford: Oxford University Press, 2015), p.13.

[2]　Yuri Pines, "Between Merit and Pedigree: Evolution of the Concept of 'Elevating the Worthy' in Pre-imperial China," in *The East Asian Challenge for Democracy: Political Meritocracy in a Comparative Context*, eds. Daniel A. Bell and Chenyang Li (New York: Cambridge University Press, 2013), pp.161–202.

下一个主要朝代汉朝，找到了持续近两千年的规范性解决方案。事实上，汉朝仍旧以任用酷吏出名，《汉书》中甚至有《酷吏传》，用以记载那些残忍的人与事。[1] 但汉武帝采用了儒家的政治思想——一种旨在倡导、督促以仁政造福人民的哲学，作为统治意识形态。他采纳了董仲舒对儒家思想的解释，以统一的儒家思想教育人民与培养官员。尽管汉武帝并没有放弃使用法家式的严刑峻法，例如他在位 50 余年间，13 位丞相中有 3 位被处决，但这并不妨碍他使用儒家思想为统治提供合法性，为随后整个中国古代政治史奠定基础。正如赵鼎新解释的那样，"在儒法国家，皇帝接受儒家思想作为意识形态，并将自己置于儒家官僚机构的控制之中，同时官僚机构内外的儒家学者支持这一政权，并且通过选贤与能来选拔官员，官员则使用将儒家的伦理、法家的规范和技术相结合的方式治理国家。统治阶层的大家族和儒家学者之间的这种共生关系催生了一个前现代标准下的强有力的政治制度——一个具有相当的弹性和适应性的制度，它经受住了无数的挑战，并一直坚持到1911 年的共和革命"[2]。

然而，法家的政治遗产却不那么明显，因为法家在近两

---

[1] 参见 Wang Pei, "Debates on Political Meritocracy in China: A Historical Perspective," *Philosophy and Public Issues* 7.1 (2017): 63–71。

[2] Dingxin Zhao, *The Confucian-Legalist State: A New Theory of Chinese History* (Oxford: Oxford University Press, 2015), p.14.

千年的时间里基本上从官方话语中消失了——从汉代开始直到毛泽东在"文革"中援引法家之前，并没有人公开提倡法家。但法家的思想从未退场，而且国家的行政能力与效率也总是依赖法家的措施。无论官方是否宣扬法家思想，各朝代往往都依赖法家的标准来选拔和提拔称职的官员，这些风格上强有力的官员甚至愿意使用蛮力为皇帝解决问题。但是法家并不过分关心目标本身是否正义或者是否善。儒家对此却有绝对的要求，儒家的政治目标就是要说服皇帝"天下为公"。儒家主张选贤与能，实施惠民的仁政，保护平民免受苛政的伤害。贤能政治，即选贤与能，这一表述很好地抓住了儒家对于官员的理想，即既有能力有效地处理问题，又有"天下为公"的胸怀。

如果我们认为政治是一种事业，从事政治的人需要具有与之相关的能力，那么我们在此可以参考亚里士多德在《尼各马可伦理学》第六卷里关于实践智慧（明智）的讨论。亚里士多德有个重要的论题：伦理美德（德性）使得实践目标正确，而实践智慧保证了每个具体的实践目标得以正确地实现（《尼各马可伦理学》1140b11–20，1144a7–9，1144a20–b1，1145a5–6，1151a15–19；《优台谟伦理学》1227b12–1228a20）。伦理美德不仅关联生活的方方面面，也关联我们对于善的生活的理解。恶会摧毁我们对于好生活的观念，但美德会保存它（《尼各马可伦理学》1140b11–20，1144a34–b1，1151a15–16；《优台谟伦理学》1227b12–19）。实践问题具有易变性、不确定性与特殊性，实践智慧则是"识别、承认、回应和挑选出一个复杂境况的某些突出特点的能力"。一个"具有实践智慧的人是一个具有良好品格的人"，这个人通过日积月累的训练，"已经内化了某些伦理价值和某种好生活的观念"，他的欲望是依照这些观念形成的，从而能够为具体的伦理实践设立善的目标。[①] 如果一个人徒有解决实践问题的能力，却没有伦理美德为其实践生活设立目标，那么亚里士多德认为这个人只是具有一种聪明——一个略微中性甚至具有贬义的词。

儒家和法家互为表里，也可以这样去理解。法家就类似于亚里士多德所说的聪明，能够判断情势、调动资源、采取措施去解决各种实践中的问题。然而，儒家更多地旨在为实践生活设立善的目的，无论是对于总体美好生活的规划，还是对于具体情境中具体事件的理解。相应地，儒家所推崇的政治家必须是有美德的君子。而法家选用人才的标准则是执行力强并且依靠强权与制度能够为君主解决问题的人（按照儒家的标准，他们多半会被认为是喻于利的小人）。法家与儒家有一个显著的区别是，法家对于君主的欲望毫无节制，但是儒家总是规范君

---

① 玛莎·纳斯鲍姆：《善的脆弱性：古希腊悲剧和哲学中的运气与伦理》，译林出版社，2007年，第420—421页。

主的欲望，因为儒家遵从的是大道，而不是君主。君子往往不畏权势，甚至直接与君主抗争，这对君权既是制约，又是巩固。君子所制约的是君主的私人欲望，保全的是整个王朝的安宁。当君子也能像法家的人才那样准确把握与介入现实政治，并且产生实质的、善的政治后果，就是"选贤与能"这个遴选人才的原则的真实展现。我们将看到，儒家和法家之间的这种动态关系也持续影响着当今的中国政治。

无论儒家和法家内部有着怎样的张力，这两者还是共同构成了我们可以称为"法—儒家"（Legalist Confucian）的贤能政治理想①。这一理想不仅影响了两千多年的中国政治，更令人惊讶的是，它还启发了中国近四十年的政治改革。西方媒体常说中国进行了实质性的经济改革，但没有进行任何政治改革。这一观察是不透彻的。西方人将最高层的选举民主视为政治改革的唯一标准，这实在失之偏颇。抛开这一教条，我们能够看到，中国的政治制度在过去几十年里经历了实质性的政治改革，

---

① 从历史上讲，更精确的术语或许是"墨—儒家"（Mohist-Confucian）的贤能政治理想，参见 Yuri Pines, "Pitfalls of Meritocracy: Elevating the Worthy in Early Chinese Thought," paper presented at workshop on political meritocracy, Harvard University, November 2018。

尤其在（重建）贤能政治制度方面做出了认真的努力。① "文革"之后，中国通过选贤与能的制度选拔高层官员，重拾并焕新贤能政治的传统，比如通过公务员考试或者根据下级政府的绩效评估来选拔、提拔官员。从形式（而非内容）的角度来看，正是与此几乎相同的选拔制度塑造了中国古代史上的政治体制。从此，贤能政治激发了更高层次政府的政治改革，更多地强调官员的教育程度、考试成绩和在下级政府的政治经验。虽然实践与理想仍有很大差距，但中国政治改革的根本动力依然是自古以来贤能政治的理念。

从规范性的角度来看，贤能政治的理念对于体量巨大的政治共同体的高层政府来说最有说服力，因为要治理像中国这样幅员辽阔、民族繁多、人口众多的国家要比治理一个面积极小、人口较少的国家困难得多。因此，将中国与自然资源丰富但民族构成相对同质化的小国进行比较无济于事。例如，丹麦是一个拥有 580 万人口的相对同质、富裕的国家，周边国家也相对友好。弗朗西斯·福山认为，丹麦是最接近实现自由民主理想的国家。② 如果我们用丹麦的政治制度来对标拥有 14 亿人

---

① 参见 Yao Yang, "An Anatomy of the Chinese Selectocracy," *China Economic Journal* 11.3 (2018): 228–242；Zheng Yongnian, *The Chinese Communist Party as Organizational Emperor: Culture, Reproduction, and Transformation* (London: Routledge, 2010)；潘维主编：《中国模式：解读人民共和国的 60 年》，中央编译出版社，2009 年。

② Francis Fukuyama, *Political Order and Political Decay: From the Industrial Revolution to the Globalization of Democracy* (New York: Farrar, Straus and Giroux, 2015).

口的大型政治共同体的制度，那显然是荒谬的。如果福山愿意把丹麦与苏州市最富裕的区进行比较，差异可能就不会那么明显了。

此外，对于大国的高层政府而言，问题总是复杂的，一个看似普通的问题实际上不仅会影响到社会的许多部门，也会影响到世界其他地区和子孙后代。在大国，拥有基层和省市级政府政治经验与良好政绩的领导人更有可能在政治上有所建树。选举民主可能更适合小国或大国较低级别的政府；即使决策出了问题，例如太多的民粹主义和狭隘短视以忽视对子孙后代和世界其他地区利益的长期规划为代价，也不会导致大规模的灾难性结果。但是，如果大国或强国的高层决策出现严重失误，就很有可能导致大规模的灾难性后果。庞大政治共同体的顶层决策直接关乎数亿人的生活，任何一个看似微小的决定不仅关乎本国人的利益，也会关系到世界其他地区和子孙后代的利益。因此，贤能政治的理念更适合用于评估像中国这样的大国的高层政府。

当然，如果在一个政治共同体中，人们普遍反感以卓越能力和美德为标准来选拔和提拔官员，贤能政治的理念在这个政治共同体中就无法实现。对于这样的共同体来说，无论理论和实践的挑战如何巨大，最好（或者最不坏）的选择可能都是提高民选政客的决策质量。然而，在中国，自20世纪初以来，贤能政治一直得到政治改革者的支持。

正如梁漱溟所说，"如果把人生看成就是在满足欲望，把政看成就是为满足大家的欲望，就要如此。但如果把人生看成是向上的，不看重生活，而另有其所重之处；换句话说，在人生向上里包括了生活问题，那就大不然了，——就将要走到另外一个方向，将要看重如何为更合理，每一个人在他向上的意思里，将要不断的求教于人，将要尊师……此时天然的就要走入少数领导的路，而非多数表决的路"①。梁漱溟认为，就像科学技术在西方的发展是依靠少数科学家的努力那样，在社会、政治和生活中也只有少数人更为贤能。因此，跟随这些贤能的少数人就显得尤为重要，而尊师的传统将继续具有影响力。重要的不是听多数人的表决意见，而是需要少数贤人领导多数人，从而督促大家过向上的生活。

20 世纪早期，一些有影响力的知识分子拒绝在现代中国推行"一人一票"的选举制度。根据汪晖在《世纪的诞生——20 世纪中国的历史位置》一文中的分析，杨度认为中国各民族之间存在差异和不平等，如果中国骤然采用基于"人人平等"原则的民主，在文化不平等的条件下，只会导致两种结果：其一是实行基于平等原则的民族歧视，但可以维

① 梁漱溟：《乡村建设理论》，上海人民出版社，2006 年，第 124 页。

持统一；第二是各民族分立自治，但可以尊重差异。鉴于中国当时军事力量薄弱，分立自治会必然导致中国被列强瓜分。康有为也表达过对于选举制度会导致政治混乱的担忧，汪晖考证过康有为在《法国革命史论》中批评拉法耶特"不懂得孔子'早明太平世之法，而必先以据乱世升平世，乃能致之。苟未至其时，实难躐等'，'欲以美国之政，施之法国，而不审国势地形之迥异'，其结果是人权平等、主权在民、普通选举等'至公至平之理'，'以不教之民妄用之'，最终导致了恐怖之世的到来"。①

　　最近，调查结果一致显示，相比于通过选举产生领导，贤能政治的理念得到了更广泛的支持与认同②。甚至，贤能政治的理念还被广泛地用来评价政治制度。腐败之所以成为大众心目中的一个大问题，部分原因是人们期望通过选贤与能的机制选拔出来的领导人具有高尚的美德。但是，如果一个社会里人们通常不用这种贤能政治理想来评价他们的政治领导人，贤能政治的理想可能就不是评估这个共同体政治进步（和倒退）的

---

① 关于 20 世纪知识分子对于民主制的批判，参见汪晖：《世纪的诞生——20 世纪中国的历史位置》，《开放时代》，2017 年第 4 期。

② 参见 Daniel A. Bell, *The China Model* (Princeton: Princeton University Press, 2016), p.147。

恰当标准。①

　　简而言之，贤能政治的理念是评估中国高层政府政治进步和倒退的恰当标准，因为这一理念是中国政治文化的核心，它启发了过去几十年的政治改革，适合体量巨大的政治共同体，并且得到了绝大多数人民的认同。这些是中国背景下的特殊原因，也有更普遍的原因来支持现代世界中贤能政治的理念。首先，贤能政治强调的是选拔高素质的领导人，他们不仅具有广泛而多样的政治经验，还能够应对和适应不断变化的环境，尤其在一个技术变革飞速和全球冲击不可预测的时代，这一理念是颇为契合的。18世纪美国的开国元勋将严格的宪法制度奉为圭臬可能是有意义的，因为他们相当肯定在接下来的几十年里，社会不会有太大变化。对他们更重要的是确立一个好的政治制度，而不是设计一个不断更新、发展的政治制度，后者旨在选拔和提拔适应于不同时代的不同类型的高素质领导人。但今天，对于未来几十年，我们唯一可以预测的是，我们目前

──────────

① 很难想象西方社会会有一个政治上的现实案例，因为一人一票作为选择领导人的方式在西方社会几乎是共识，更不用说最近民粹主义情绪戏剧性上升。但历史上并不总是这样：柏拉图的《理想国》就是对贤能政治制度的辩护，而19世纪的自由主义思想家约翰·斯图尔特·密尔支持受过教育的人可以投不止一张选票。如果西方式的民主相比于中国式的贤能政治表现不佳，那类似的建议或许会再度被提出来。有关支持在西方社会的民主政治中注入贤能政治的规范性案例，参见 Elena Ziliotti, "The Meritocratic Challenge to Democratic Theories," Ph.D. thesis, National University of Singapore and King's College, London, 2018。

的生活方式将发生根本性的变化①，领导人（尤其是高层领导者）的素质将比我们的政治体制更重要。（更确切地说，我们的政治体制的设计目标应该是选拔和提拔具有广泛和多样的政治经验，并在应对和适应不断变化的环境方面有良好政绩的领导人。）

在中国，民主的理念在官方和非官方的政治话语中都得到了广泛的运用。②因此，也许使贤能政治最有说服力的论据是，它与大多数民主的价值和实践相兼容。贤能政治可以而且应该辅以抽签、公投、选举、协商等民主做法，以及言论自由。这并不意味着所有的政治的善（political goods）都能兼得。政治上的尚贤制与最高层的竞争性选举互不相容，因为有关最高领导人的竞争性选举民主会损害旨在选拔和提拔有经验、有能力和有美德的领导人的制度的优势：没有任何政治经验的人（如唐纳德·特朗普）可以通过选举一跃上升到最高层，频繁犯下初涉政坛的人才会出现的错误。而且，民选领导人将不得不花费宝贵的时间筹集资金，反复发表内容完全一样的演讲，而不是花时间严肃地考虑政策。此外，民选领导人更容易为了获得

---

① 想想人工智能将带来的挑战（我们第五章对此有所讨论），或者我们正在经历的新冠病毒肺炎在全世界范围的大流行。

② 不过，政治民调显示，大多数中国人将民主解释为"为民的政治"（politics for the people）而不是"民治"（politics by the people）。参见 Shi Tianjian, *The Cultural Logic of Politics in Mainland China and Taiwan* (New York: Cambridge University Press, 2015), ch.7。

更多选票而受到很多制约，从而只能考虑一些短期政策，而这往往会付出长期代价——不仅是他们所在的政治共同体的长期利益，也是世界上其他地区以及子孙后代的福祉。

2. 在没有竞争性选举的情况下，如何限制政治权力？

归根结底，贤能政治（或任何其他政治制度）的正当性在于其领导人为人民服务。这意味着，领导人至少应该尊重人民的基本人权：禁止奴役、种族灭绝、谋杀、酷刑、长期任意拘留和系统性种族歧视，以及坚持在刑事案件中所有公民在法律面前一律平等的理念。领导人还应努力保障人民的基本物质需求，如食物和体面的医疗保障。这种价值在大多数现代社会，都是原则层面的共识。当然，政治领导人应该做的远不止尊重基本人权，其优先考量的政治事项将随着实际境遇的不同而改变（例如，在人均 GDP 很低的情况下更有必要强调减贫，一旦国家变得更富裕就更需要注重环保）。然而，不该随着境遇改变的是，领导人需要把政治共同体的利益置于自身利益之上。这并不意味着领导人一定要做圣人，甘愿牺牲自身相关的一切利益，而是说一定程度的美德是必不可少的：如果没有任何为公众服务的愿望，一个政治领导人的能力越大，所造成的灾难也会越大。因此，贤能政治必须着眼于选拔和提拔那些愿意用自己的权力为公众服务的领导人。

问题在于，按照贤能政治标准选出的领导人的权力几乎没有受到限制。如果统治者不是由一人一票选出来的，有什么可以阻止统治者为自己的利益服务，而不是为社会和国家的利益服务呢？无论我们如何批评选举民主的弊端，我们都不得不承认这是制衡统治者权力的好方法，因为统治者的政策在选举期间会有所改善。但是中国为什么一直没有采用一人一票的制度？张祥龙教授认为，中国文明存在那么长时间，是因为儒家提供了两方面的措施。一方面是通过某种制度甚至是超制度手段，比如谏议制、天命教育乃至革命，防范不好的；另一方面就是找到了比较有效的知人、成人、择人、传人的办法，这是中国古代政治中最优越、最有效的办法。[①]自 20 世纪 70 年代末的改革以来，集体领导原则、任期限制、强制退休年龄的引入，都起到了限制滥用权力的作用，尤其是最近几年的反腐运动取得了超出预期的成功，我们可以预测未来会有更多这样（或许艰难）的改革。

3. 既是问题之源，又是解决之道的贤能政治

贤能政治的原型或许更应上溯到尧、舜、禹三代的禅让制度。尧因为舜的大孝而选定舜作为自己的继承人，舜则因为大

---

① 张祥龙：《〈尚书·尧典〉解说：以时、孝为源的正治》，生活·读书·新知三联书店，2015 年。

禹治水有功而禅让帝位。舜的孝顺与禹的功绩分别是"贤"与"能"在中国文明中的古老原型。春秋战国时期，各派思想家虽然角度与立场各不相同，但是所解读的上古经典是相同的，所以不仅儒家讲求贤能政治，墨家、法家也有类似的提倡。贤能政治作为上古时代流传下来的用人理念，实在应该被看作整个中国文明政治智慧的精粹。

根据贤能政治的理想，政治制度应该以选拔德才兼备的领导人为目标。但事实是，政治等级制度久而久之难免僵化，社会不同阶层的人才经常错过政治遴选。最终，贤能政治的理想和僵化的现实之间的差距变得异常之大，以致威胁到整个制度的合法性。

"选贤与能"这个词语本身就体现了一种时间性。之所以要"选"，意味着有德行且有能力的人还没有从一般的人当中被拣选出来，他们还没有被赋予相应的职位。选贤与能，一方面可以理解为一种理想的选拔人才的原则，另一方面可以理解为遵从这一原则所呈现的结果，还有一种可能的理解，就是在政治现实并不符合这一原则的情况下，用它来做一矫正。

事实上，中国历史上每次出现呼唤倚重"贤能"来治理国家的诉求，并不是在政治发展最为顺利的时候，反而是在朝政需要政治活力的时候。此时往往是各种原因使得统治阶层出现固化，统治机构无法良好运行。贤能政治本身并不会导致这种阶层固化，而是要为此指明出路——唯有重新根据"贤能"的标准来遴选人才，政治局面才能够得以推进。所以贤能政治的初衷是，通过为政治注入活力来解决政治阶层固化问题，但这种方法不是一劳永逸的，需要我们与人性中的贪婪不断抗争。如果一个制度不断要求选拔贤能参与政治，那也是对人性弱点的一种制约。

一般认为尚贤制更多是指科举制，即通过考试来选拔人才，而科举制之前的推荐制度则只看德行，德行则有关门第。然而，如果我们仔细考察中国古代遴选官员的方式，就会发现推荐与考试这两种方法是相辅相成的，只是不同的时代各有侧重。在中国历史上，最重要的三种遴选人才的方式分别是：察举制、九品中正制和科举制。我们接下来依次讨论这三种选拔方式，以及与之相关的评论。①

察举制

察举制出现和完善的大背景是汉朝取代秦朝治理天下，新王朝建立之初任用了诸多因为立下战功而参与政治治理的人——这一点与秦朝是一致的。这是早在商鞅变法时就已经确立下来的用人原则，也是历代提拔武将的原则。但是，随着汉朝的统治逐渐稳定，政治环境从动荡的战争状态进入相对和平

---

① Wang Pei, "Debates on Political Meritocracy in China: A Historical Perspective," *Philosophy and Public Issues* 7.1 (2017): 53–71.

的时期，文臣与武将的分工逐渐明确，朝廷对文臣的需求也随之出现。于是汉武帝进一步发展了文帝时期已经存在的察举制度，称之为"以儒取士"。①

"察举"这个词本身的意思就是通过考察再予以推举，察举制并不完全是推荐制度，而是推荐与考试相结合的制度。地方官员每年向朝廷推荐一定数量的人才，由朝廷任官；或者，官府官吏和各级学校的学生经过某种考核、面试，从而获得任职资格。

汉武帝时期确定"四科取士"，"四科"分别是孝廉、明经、明法、治剧②，只要符合其中一项即可。两汉以孝治天下，四科之中最重要的乃是孝廉，东汉尤其重视举孝廉之制。两汉皇帝的谥号里多有"孝"字，乃是因为年幼的皇帝需要母后临朝，于是孝成了极为重要的政治因素。③《后汉书·荀爽传》中有这样一段话："汉为火德，火生于木，木盛于火，故其德为孝，其象在《周易》之《离》……故汉制使天下诵《孝经》，选吏举孝廉。"虽然其间《易》学产生了很大程度的影响，但更重要的典籍是《孝经》。

---

① 参见劳干：《汉代察举制度考》，载《历史语言研究所集刊》第 17 册，中华书局，1987 年影印本。

② 阎步克：《波峰与波谷：秦汉魏晋南北朝的政治文明》，北京大学出版社，2017 年，第 91 页。

③ 参见白效咏：《易学与东汉政治初探》，《浙江学刊》，2013 年第 1 期。

在汉代，"孝"不仅仅是关于对父母的孝顺，其中更有强烈的政治和宗教色彩。《孝经》中有这样的语句："孝，始于事亲，中于事君，终于立身。""故当不义，则争之。""孝悌之至，通于神明，光于四海，无所不通。"孝，不仅是侍奉父母，也是事君，更在于立身。孝也不是我们一般所理解的一味顺从，而是要以"道"为标准去纠正父亲、君王的过错。这种孝的精神不仅运行于人类世界，也能通达神明，是宇宙秩序的体现。以"孝"为标准，汉代选拔了一大批治世之臣。

察举制在设立之初是为了选贤与能，看重德行与才能的考核，而不考虑门第。然而东汉中期之后，世家大族出现并把持了推举的途径，被察举者大多数是贵戚子弟和私门宾客。阶级固化渐渐出现，统治者根本无法克服这种弊端。

九品中正制

在魏晋南北朝时期，为解决察举之流弊所运用的选人制度九品中正制，在中国历史上更是承受了很多批评。[①]最为知名的是《晋书·列传第十五》中的这一句："上品无寒门，下品无势族。"似乎九品中正制是比察举制更为落后的遴选制度，但实质上则不然。

---

① 相关讨论参见唐长孺：《九品中正制度试释》，载《魏晋南北朝史论丛》，中华书局，2011年。陈琳国：《两晋九品中正制与选官制度》，《历史研究》，1987年第3期。胡宝国：《关于九品中正制的几点意见》，《历史研究》，1988年第1期。胡舒云：《"九品官人法"性质辨析》，《东北师大学报》，2003年第6期。

"盖以论人才优劣，非为世族高卑"（《宋书·列传·卷九十四》），"九品之制"的初衷是为了纠正察举带来的一系列问题，旨在选贤与能——依照"家世、道德、能力"三个方面来选拔人才，而并没有用来专门维护大家族的特权。察举制宣称没有门第限制，实质上却需要有人推举，寒门士人几乎没有机会受到举荐。然而，九品之制面向的是所有士人，在这个意义上，无论寒门与士族都有资格参与遴选。虽然家世也是标准之一，但不是决定性因素，这在当时激发了很多士人的进取之心。此外，察举制中的举荐人基本出自世家大族，然而九品制下的举荐人则是"中正"，"中正"未必都出身于大家族，这对当时的世家大族有强烈的打击。

然而这一制度还是无法避免地走向了固化。首先，从来没有任何一个选拔制度以门第作为公开标准之一；其次，在具体遴选过程中，"中正"之职渐渐又被世家大族所占据，被举荐的往往是高门望族（尽管值得一提的是，高门望族中不够贤能的人也不可以获得推举）。其实后者的弊病与察举制无异，但前者确实是九品之制所特有的弊病。此外，通过九品中正制选拔出来的寒门子弟，例如邓艾、王濬，与曹魏贵戚子弟气类不同，在司马氏代魏的进程中往往又成为"外宽内忌"政策的牺牲品。[1]

---

① 　参见仇鹿鸣：《魏晋之际的政治权力与家族网络》，上海古籍出版社，2012年。

在此需要补充的是，当时将"家世"加入品评因素，也是出于客观原因。魏晋时期战乱流离，官学衰落，更谈不上民间私学，但士族大家的家庭教育没有断绝，所以考察家世是和当时的教育状况相呼应的。当官学与私学再度复兴之际，九品制也就不可避免地走向衰落而被科举制所替代。①

科举制

科举制度创建于隋朝，完善于唐宋。尤其是宋代的科举制度，不问家世，不须举荐，以考试成绩取士，体现了公平的精神。世家大族对于遴选人才的垄断至此被彻底打破，公平公正地选拔人才成为可能。

我们在这里需要补充的是，在宋代，一些儒家领袖认为科举制已经失去"喻于义"的本心②，士人为了名利而去参加考试，虽然符合选拔标准，但是毫无德行，虽能而不贤。出于这种考虑，科举制也需要有所改变。比如朱熹就要求单独开设"德行"科，罢去"词赋"科。③"德行"科又与其他科目"经、子、史、时务"不同，其考核并不是通过考试，而是通过举荐。作为科举制的补充，"德行"科的设立一方面提醒士子，对于

---

① 更为系统的研究参见宫崎市定：《九品官人法研究：科举前史》，大象出版社，2020 年。
② 最为经典的莫过于陆象山在白鹿洞书院对于"义利之辨"所做的诠释。
③ 更多讨论参见李存山：《朱子〈学校贡举私议〉述评》，《中国社会科学院研究生院学报》，2011 年第 2 期。

第二章 贤能政治与人民：国家中的正义层级   059

人来说最为重要的是德行，另一方面也为士子树立具体的典范。

比朱熹更为激进的是他的老师们，"二程"就激烈地反对科举取士制度①：一方面每年被选中的人数稀少，只有一两个人；另一方面，通过科举选出来的可能只是"博闻强记之士"，不具备处理政事的能力。所以他们建议用推荐制取代科举制，首先通过州县的长老以及太学的同学推荐；其次让朝廷对其进行考察，不仅考察学问，也让他们在具体的政治职位上试用；最后还要通过辩论来分出差等再授予官职。这样不仅可以通过推荐遴选更多人才，也可以通过考察避免选到没有才能的人，更重要的是，可以通过实际的试用来选出有能力参与政治的人。

我们在这里可以明确看到推荐制度的回归，这不应被理解为一种倒退，而是科举制弊病的对策。大体看来，考试更多确定的是"能"，而"贤"更多地与名声、口碑相关，所以"贤"与推荐更有关系。然而无论是哪一种选拔方式，都需要人与天性中的贪婪和自私做斗争。当人作为主体无法克服自身的弱点，政治体制就要进行变革来做一纠正。

简而言之，社会批评者反对察举制，是因为它不能提供没有豪门贵戚的普通人以平等的机会；反对科举制，是因为它不能衡量美德和实际政治技能。这些关于实际存在的尚贤制问题

---

① 详细叙述参见潘富恩、徐余庆：《论二程的人才观》，《兰州大学学报》，1987 年第 1 期。

的辩论，正是发生在政治层级制度变得僵化的时候。这时需要的不是完全推翻尚贤制，而是对尚贤制进行新的思考、新的试验与创新，从而缩小尚贤制的理想和现实之间的差距。[①] 问题出在尚贤制上，解决办法也将基于尚贤制。更准确地说，扭曲的尚贤制变成一种不公正的政治层级制度，需要通过新的诠释和制度化来纠正。

事实上，当代关于尚贤制的辩论也是在类似的背景下出现的。首先，改革开放以来贫富差距急剧扩大，来自有钱有势家族的人在权力的竞争中拥有不公平的优势。其次，几乎所有最高领导人都是男性，这一事实进一步暴露了尚贤制的理想和现实之间的差距。再次，腐败问题可能也在破坏那些正规地通过这一制度考核的官员的道德合法性。最后，即使是在最理想的形式下，尚贤制也不足以使整个政治体系合法化。民主的价值受到中国政府以及社会批评者的广泛推崇，在今天没有人主张建立一个纯粹的尚贤制政治共同体。毕竟要说服人们把他们完全排除在政治权力之外是很难的。柏拉图本人在《理想国》中宣传"高贵的谎言"的必要性，即守护者应该拥有绝对的权力，因为他们的灵魂里有黄金。很难想象今天的政府在没有任何形式的民主的情况下，能被人民视为合法。因此，关键问题不再

---

① 更多讨论参见 Daniel A. Bell, *The China Model* (Princeton: Princeton University Press, 2016), ch.3, sections 1 and 2。

是抽象地谈如何缩小贤能政治的理想与现实的差距，而是具体地谈如何为政治制度注入民主元素。在中国的背景下，特殊的挑战是如何将一个以尚贤制为基础的政治层级制度合法化，让大多数正式地被排除在政治权力之外的人理解和接受。中国共产党拥有 9 000 万党员，是世界上最大的政治组织，但它仍然只由 14 亿人口中的一小部分组成。

4. 如何向权力结构之外的人解释政治层级体制

政治统治证成的关键在于统治者为人民服务。但是，究竟有没有做到为人民服务，又是谁说了算呢？在儒家传统中，人民扮演着重要的角色。正如陈祖为解释的那样，"儒家对于这种权威没有兴趣，因为权威仅仅是出于某些客观原因（例如，促进人民福祉）而表面上得到证成的制度。权威也是统治者与被统治者之间（或以当代的说法，即治理者与被治理者之间）的一种关系或纽带。这种关系真正具有权威性的原因不仅在于统治者保护和增进人民福祉的能力，还在于人民愿意接受他的统治"[1]。孔子本人也强调过赢得民心的重要性（《论语·尧曰》），而如何获得人民自愿主动的追随是儒家传统中反复出现的主题。宋代思想家和政治家苏东坡在他对神宗的忠告中阐述了另一

---

[1] Joseph Chan, *Confucian Perfectionism: A Political Philosophy for Modern Times* (Princeton: Princeton University Press, 2014), p.36.

面:"故天下归往谓之王,人各有心谓之独夫。由此观之,人主之所恃者,人心而已……人主失人心则亡。"[①]简而言之,政治统治的合法性既(客观地)基于统治者对人民福祉的增进,同时也(主观地)基于人民对统治者的信赖和认可。没有人民的追随,统治者的统治和整个政治体系都面临崩溃的危险。但是我们怎么知道人民认可统治者的权威呢? 现代选举民主的答案是,通过一人一票的竞争性选举来获得民众的支持,这才是衡量人民是否愿意接受政治权威的标准。然而,正如本章第一节所讨论的,最高层的竞争性选举将破坏尚贤制的优势。并且,无论我们如何看待支持和反对选举的规范性论点,我们都有把握,在可预见的未来,中国的政治制度不会是通过一人一票的竞争性选举来选出国家领导人。

因此,我们又回到了在没有民主选举的情况下,如何争取人民对于层级性政治体制的认同这一问题。就中国而言,中国共产党依靠的合法性来源有三点:民族主义、绩效合法性和尚贤制。[②]虽然这三个合法性来源在不同时期侧重不同,但改革开放以来,最强大的合法性来源也许是以经济增长的形式表现出来的绩效合法性。在过去的四十年里,人们普遍认为政府应

[①] Joseph Chan, *Confucian Perfectionism: A Political Philosophy for Modern Times* (Princeton: Princeton University Press, 2014), p.37.

[②] 更多讨论参见 Daniel A. Bell, *The China Model* (Princeton: Princeton University Press, 2016), ch.3, section 3。

该努力实现高经济增长率，因为经济发展被视为减贫的关键。因此，政府官员的晋升可以基于其在发展经济方面的优良表现，对此人们不会有太多争议。

然而，今天问题变得多样化，甚至一些问题被直接归因于对经济增长的片面强调：无法忽视的环境污染、巨大的贫富差距、岌岌可危的社会福利、爆炸性增长的政府债务，以及大规模的腐败现象。在未来，要想获得民心，光靠发展经济是远远不够的，政府一定要解决上述一系列的社会和环境问题。对于以选拔和提拔高素质领导人为荣的政治体系来说，情况就变得更加复杂。对政府官员的评估，是应该根据他们实现经济增长、改善社会福利、减少腐败、保护环境、缩小贫富差距、减少政府债务的综合能力，还是根据其中的某几项能力？围绕着这些问题一定有无数的争议，无论做出什么决定，都必然会有很多赢家和输家。因此，政府需要人民更多的参与，不仅是为了帮助政府决定当地的优先事项，也是为了在大部分民众对一些政策不满时缓解压力。更宽泛地说，随着中国的现代化，人民会要求更多的政治参与。①

---

① 除了中国的政治体制，还有其他需要更高的民众政治参与度的层级制度。特伦斯·尼科尔斯认为，罗马天主教会也需要采用民众更具参与度的层级制度。参见 Terence Nichols, "Who's Afraid of Hierarchy? The People of God Have to Be Organized: Here's How," *Commonweal*, April 7, 2000。

协商制度

简而言之，对于中国的尚贤制来说，民主元素的补充是必要的。这并不是否认中国的政治制度已经包含强大的民主元素。自 1988 年以来，已有 9 亿多农民参加了村级选举。[1] 干部的选拔是通过"三票制"进行的，除了考试等尚贤制的方式，还包括民主评议和常委会选举。何包钢认为，公共协商正日益成为决策过程中不可或缺的要素。[2]20 世纪 80 年代，特别是 90 年代以来，城市里已经发展了许多新的协商形式，何包钢等人对此进行了大量的田野调查与研究。"所有这些制度有一些共同的特征：（1）在下结论之前，让人们到桌边并鼓励他们畅所欲言；（2）参与者有充分的时间来参与协商过程，并有少量（尽管并不充分）的时间参与讨论；（3）在协商的过程中，（尽管有不同意见）参与者被要求在相互尊重的基础上交换意见。"[3]何包钢等人在浙江温岭泽国镇实施了类似的构想，他说服当时的党委书记用这种方式来发动公众参与讨论乡镇预算。当时他们根据随机抽样选择了 275 名公民，并要求这些公民讨论当时正在决策中的公共工程项目。令当地官员惊讶的是，民众建议

---

[1] Liu Yawei, "Preface," *China Elections and Governance Review* 1.1 (2009): 1.

[2] He Baogang, "A New Interpretation of the China Model: In Search of Mixed Governance in Contemporary China," paper presented at the 2019 IPP International Conference on Civilization and Governance, Guangzhou, August 17–18, 2019.

[3] 何包钢、陈承新：《中国协商民主制度》，《浙江大学学报（人文社会科学版）》，2005 年第 3 期。

的项目排序与官方的完全不同。2005 年，地方人民代表大会最终决定选择由人民而不是地方官员选择的公共工程项目。①

上海自 2018 年开始展开的垃圾分类活动也有类似的效果。在上海，垃圾分类的主要宣传机制是通过居民活动来宣传垃圾分类的知识和意义，这些活动包括妇联活动、党员大会和亲子活动等。最初垃圾分类的推动力来自政府，随后当地居民，特别是退休的上海人，自发地积极参与并热情地帮助推广垃圾分类，甚至为帮助上海巩固"中国最'进步'的城市之一"的声誉而感到自豪。随着更多人的参与，垃圾分类成为居民的共同管理项目，它不仅能够将不同的居民、不同的社区组织联结起来，还能将政府与社区、社区与整个社会联结起来。垃圾分类不仅仅局限于对垃圾的处理，更激发了居民对于居住空间的能动性，推动了对社区共同资源的维护，也促进了邻里的认识与沟通，进而加深了居民对社区和城市的认同感、归属感与自豪感。

毋庸置疑，如果市民们能够参与到城市建设的决策中来，乡民们可以参与到乡镇建设的决策中来，那么一方面公民拥有了履行公民义务的机会，另一方面公民在参与公共事务的过程中也能获得对于所居住的城镇的归属感。此外，这种协商制度

---

① 蒋招华、何包钢：《协商民主恳谈：参与式重大公共事项的决策机制——温岭市泽国镇公众参与 2005 年城镇建设资金使用安排决策过程的个案报告》，《学习时报》，2005 年第 308 期。

对于促进公民的理性思考、促进基层政府对民众需求的了解，也有着重要的作用。

公民需要在更广泛的公共事务上有更多发言权。这种公开化不仅有助于做出更加科学的决策，也可以分散决策责任。这意味着需要更多的言论和结社自由，更多党内和党外的协商审议机制，以及对表现不佳的官员的罢免有更透明的机制。现代民主社会的所有创新，如投票、公开听证、协商投票和对于关键问题的全民公决，都有助于稳定政治制度。更坚定地建立法治也是保障基本人权所必需的。[①]

最高层的竞争性选举可以给所有公民带来希望（或者说是幻想），即他们可以参与政治权力，但这种选择并不适用于一个受到尚贤制理想影响的政治制度。[②]那么，我们可以做些什

---

① 这并不意味着中国应该采取美国这样的诉讼社会保护个人权利的典型方式，参见 Joseph Chan, "A Confucian Perspective on Human Rights," in *The East Asian Challenge for Human Rights*, eds. Joanne R. Bauer and Daniel A. Bell (Cambridge: Cambridge University Press, 1999), pp.212–240。

② 贝淡宁在《贤能政治》中提出了关于"垂直民主尚贤制"的全民投票的想法，这将是人民明确地表达同意的形式。这一提议假定，与常规民主选举的投票方式相比，在就重大宪法问题进行全民投票时，选民往往会获得比较全面的信息，例如就魁北克独立问题所进行的两次全民投票结果一样。但是英国脱欧动摇了贝淡宁对全民公投的信念。既然世界上最成熟的民主国家的选民在投票时都不太理性——他们与欧洲移民的实际互动程度跟支持英国脱欧的选票数呈负相关，那么为什么我们应该期望一个没有悠久的民主历史且相对贫穷的国家的选民会更加明智？因此，如果在中国就垂直民主尚贤制进行全民公决，也许应该辅以尚贤制的核查方式，例如由独立专家对选民就政治选项进行简单的多选测试。无论如何，在当代中国的语境中，这种全民公投的提议显得很勉强。

么来扩大绝大多数公民的政治机会呢？我们应该承认，儒家传统在这方面大抵没有什么可提供的。正如章永乐所说，儒家教育强调美德，"这是为了在民众中保持一种意识，即政治家的事业需要特殊的禀赋和训练，可能只适合少数人"[1]。不过，同样需要肯定的是"普通人也可以在基层参与公共事务，甚至能有突出成就，并获得国家认可"。章永乐认为，毛泽东思想提供了政治洞察力。在毛泽东思想的鼓舞下，中国的革命使得普通人有可能获得国家的认可。在今天，新的挑战是如何评价不同形式的政治功绩，而不是对国家所重视的形式之外的政治功绩进行激进的批评（并且不会有针对来自"坏"阶级背景的人的暴力行为）。

章永乐认为，维护合法性的最大资源源于革命时代的"群众路线"。"群众路线指的是中国共产党联系群众的政策，强调从群众中来，到群众中去。群众路线不主张由少数人或精英推行自上而下的政策。它认为，对真理的理解是一个不断被集体实践修正的过程，密切联系群众是必要的，这是为了达成更现实的对于国家情况的了解，这对于制定正确的党的路线和政策是至关重要的……实践群众路线，就要'找到群众'。这不仅需要干部走进群众，也需要基层社会有一定的组织性，以在基

---

[1] Zhang Yongle, "The Future of Meritocracy:A Discussion of Daniel Bell's The China Model," *Journal of Chinese Humanities* 4.1 (2018): 58.

层、决策者和行政部门之间建立联系，帮助决策者更好地响应基层社会。"[1]一个对人民高度负责的政府很有可能赢得人民的支持。

章永乐的论点发人深省。群众路线是在没有竞争性选举制度的情况下，确保政治制度的普遍合法性的一种方式。令人鼓舞的是，现如今在中国崭露头角的官员通常都有扶贫经历——以帮助提高干部对于最贫困成员的需求的敏感度。也就是说，群众路线可能需要进一步民主化。例如像明清时期一样，可以把抽签作为干部分配到当地社区的一种方式，这有助于避免腐败和徇私。同时，基层的自治组织也需要更多的机会。

也许儒家传统最深层的问题是，它认为最好的生活方式一定涉及为政治共同体服务。钱穆对此有所评论："可说自两汉以来，早已把政权开放给全国各地，不断奖励知识分子加入仕途，而同时又压抑工商资本……存心在引导民间聪明才智，不许其私家财力打算无限制的发展。"[2]在受儒家传统影响的社会中，拥有最高社会地位的人不太可能是大商人或者大农场主，而是政治领导人，那些没有政治权力的人可能感觉不到（同等的）社会价值感。因此，在现代社会，我们也有必要肯定"非

---

[1] Zhang Yongle, "The Future of Meritocracy: A Discussion of Daniel Bell's The China Model," *Journal of Chinese Humanities* 4.1 (2018): 61.

[2] 参见钱穆：《中国历代政治得失》，生活·读书·新知三联书店，2001 年，第57—58 页。

政治"生活方式的社会价值。①

在这里，我们可以从先秦道家对尚贤制的批判中获得启示。②老子是道家思想的鼻祖，他直言不讳地提出了不重贤者、不用贤者的思想："不尚贤，使民不争；不贵难得之货，使民不为盗；不见可欲，使民心不乱。"（《道德经》第三章）他的基本观点是，任何形式的竞争型社会（包括根据政治功绩鼓励竞争的社会）都会让人们，特别是"失败者"艳羡和痛苦，最好阻止任何形式的竞争和对更好生活的渴望。"是以圣人之治……常使民无知无欲，使夫知者不敢为也。为无为，则无不治。"（《道德经》第三章）统治者应该限制由好胜心和野心驱动的政治，这意味着不任用智者和贤者。

同样，庄子也不鼓励任命智者和贤者。他赞同老子的观点，"尚贤"会导致社会竞争和混乱："举贤则民相轧，任知则民相盗。"（《庄子·庚桑楚》）庄子进一步指出，区分贤与不贤本身令人怀疑。每个人的才能都是有限的，而每个人的视角也难免偏颇："吾生也有涯，而知也无涯。以有涯随无涯，殆已；已而为知者，殆而已矣。"（《庄子·养生主》）人只是居于

---

① 我们给"非政治"加上双引号，是因为古希腊和自由主义思想家传统上认为家庭美德是私人的和非政治的，而儒家指出了家庭美德的政治内涵（见《论语·为政篇第二》）。儒家倾向于认为最好的生活涉及作为政府官员并为公众服务，所以政府以外的工作在社会价值方面被微妙地降级了。

② 参见 Cao Feng, "Pre-Qin Daoist Reflections on the Xianneng," *Journal of Chinese Humanities* 4.1 (2018): 65–90.

特定的地方，处于特定的情境，获得有限的知识，却常常以为自己的观点就是全部真理，其实他们只能从自己的视角看问题，却又热衷于喋喋不休地阐明自己有限的观点："故有儒墨之是非，以是其所非而非其所是。欲是其所非而非其所是，则莫若以明。"(《庄子·齐物论》)圣人无论多聪明，也不能避免被卷入社会关系的网络和导致灾难的政治阴谋中："昔者龙逢斩，比干剖，苌弘胣，子胥靡，故四子之贤而身不免乎戮。"(《庄子·胠箧》)所以，解决办法是放弃追求智慧："至德之世不尚贤，不使能。"(《庄子·天地》)

老庄传统在反智主义方面看似非常极端，但是它提醒我们，个人的视角总是有限的，我们需要对那些傲慢地宣称掌握全部真理、充满信心地申言政治效力的贤能表示怀疑。对此的解决办法，不是否认确实有某个视角优于其他视角——就连庄子也承认，意识到自身局限性的人优于没有意识到的人——也不是放弃选拔在才能和美德上高于中等水平者，当务之急是选拔任用拥有多种才能和视角的官员们，从而打破任何个体的局限性。

曹峰展示了黄老传统如何运用道家的洞见实现政治目的："作为一种政治意识形态，黄老思想必须通过贤能之士加以贯彻和实施，因此，不可能像老庄传统那样无条件地怀疑和排斥贤能，甚至将其视为祸乱之根。相反，为何需要圣人、需要何种圣人、如何任用圣人，成为黄老道家政治思想中的重要元素。"① 黄老传统强调，君王需要承认他不可能任何事都亲力亲为，因而需要任命有突出才干的官员。甚至最聪明的圣人也囿于自己有限的知识和视角，需要得到帮助（和批评）："为一人聪明而不足以遍照海内，故立三公九卿以辅翼之。"（《淮南子·修务训》）为了让官员放开手脚，大胆作为，君主必须实施无为的策略："夫君也者，处虚素服而无智，故能使众智也；智反无能，故能使众能也；能执无为，故能使众为也。无智、无能、无为，此君之所执也。"（《吕氏春秋·分职》）考虑到知识和视角的必然局限性，君主应该尽可能多地选拔任用拥有不同背景和技能的官员："轻者欲发，重者欲止，贪者欲取，廉者不利非其有也。故勇者可令进斗，不可令持坚；重者可令固守，不可令凌敌；贪者可令攻取，不可令分财；廉者可令守分，不可令进取；信者可令持约，不可令应变。五者，圣人兼用而材使之。……夫守一隅而遗万方，取一物而弃其余，则所得者寡，而所治者浅矣。"（《文子·自然》）总而言之，君主应该意识到自己的局限性，网罗天下贤才，因人善任，才尽其用。

在君主制中，黄老学派可能会反对个人崇拜，劝告人们不要把君主理想化为无所不知、仁慈宽厚的人。在集体领导制中，不同的视角能够为高层的政策制定提供指导。在中国这样的大

---

① Cao Feng, "Pre-Qin Daoist Reflections on the Xianneng," *Journal of Chinese Humanities* 4.1 (2018): 88.

国，高层的集体领导也需要得到庞大的各级政府官僚系统的支持，其中包括拥有不同背景与才干的官员。但是，即使是这样也无法完全消除道家对政治尚贤制阴暗面的担忧。在现代世界，运行良好的尚贤制也需要得到竞争极度激烈的教育体制的支持，社会上占支配地位的竞争势头将导致人们对于成功的过度追求，这给"失败者"造成痛苦和怨愤，从而播下社会失序的种子。在资本主义经济制度下，道家的担忧变得更加严重，因为这种制度奖励那些成功为消费者创造新需求和新欲望的公司，而被无限更新的欲望驱使的人们无法满足于现状。

那么，在当今时代，我们该做些什么来减缓和消除尚贤制对社会造成的破坏性影响呢？[①] 或许最好的方法是强调有意义的人生不仅仅在于做职业官员。这意味着给予"非政治的"职业者更多的社会尊重和物质价值，如农民、快递员、保洁人员、保安、铁道工人等。

这也意味着允许通过一些方式表达对尚贤制的怀疑，但不会对整个尚贤制体制产生真正的威胁。当今中国"萌文化"在不同地区、不同阶层、不同年龄段、不同性别的人群中快速传播，尤其体现在日常生活和社交互动中公众普遍认可的可爱动物、机器人和表情包上，迪士尼的玲娜·贝尔玩偶和肯德基的

---

① 参见 Daniel A. Bell, "Vertical Democratic Meritocracy in China: Response to Comments," *Journal of Chinese Humanities* 4.1 (2018): 111–123。

可达鸭玩偶至今一件难求。这种趋势开始于 20 世纪 70 年代的日本。[①] 当时，日本在很大程度上被竞争极度激烈的教育制度所支持的尚贤文化支配。萌文化最初由中学女生引领，后来扩展到社会的方方面面。在过去十年左右，萌文化像野火一样在中国迅速蔓延开来。中国城市的大街小巷充斥着"萌化了"的猫咪和狗。在上海，冬天并没那么冷，可几乎家家都会给可爱的小狗穿上五颜六色的衣服（有时候还有配套的小靴子），以至于极其偶然地看到一只"赤裸"的狗走在街上会觉得有些突兀。此外，用可爱的猫咪、狗或者兔子的照片做成的表情包几乎是社交媒体平台上人际交流的硬核成分，甚至体制内（如大学）管理者的交流中也少不了表情包的互动。对此，我们没有批评的意思。传统电子邮件的问题之一是，书面信息不能传达情感，因此很容易被误解。但是，现在我们可以添加笑脸或其他类似的情感符号，这降低了被误解的风险。

---

① 西蒙·梅将萌文化的起源追溯到 20 世纪 20 年代迪士尼的米老鼠形象，但东亚（更强烈的）独特萌文化是 20 世纪 70 年代从日本开始的。参见 Simon May, *The Power of Cute* (Princeton: Princeton University Press, 2019), chs.4–5。亦可参见 Big Think, "Why Do Japanese People Love Cuteness? Learn the Science of 'Kawaii'," http://bigthink. com/paul-ratner/why-do-the-japanese-love-cute-things。萌文化，特别是在数字化对话中使用动画图像，在受儒家影响的东亚国家可能会更加普遍和持久。这些国家优先考虑礼貌和间接交谈，因为线上交流本就直截了当，人们喜欢使用有趣的图像来缓和交流氛围，并尽量将伤害他人感情的可能性降至最低。参见 Serenitie Wang and Joseph Kleinhenz, "How an Eight-Year-Old American Boy Became a Viral Sensation in China," *CNN*, November 9, 2018。

我们不禁要问，为什么萌文化如此迅速和深刻地在中国社会扎下根来？其中一种解释是它有助于尚贤竞争。根据最近的一项研究，观看卖萌的形象有助于人们变得更加认真，注意力更加集中，这给学习和办公室工作都带来潜在的好处。[①] 但是，对于尚贤制的辩护者来说，更深层的原因或许既令人担忧，又令人振奋。一方面，萌文化代表了对整个制度的反抗：不认同服务于公共利益的无趣和辛劳的官僚（大部分是男性）的价值，而认同有意思的和某种程度自我放纵、游戏人生的生活方式的价值。正如西蒙·梅所描述的，萌文化展示了"一种新生萌发意志，意在否定用权力来看待人际关系，或者至少质疑究竟谁掌权以及在何种意义上有权力。这是一种萌本身可以生动传达的意志，因为它通常涉及与那些柔弱娇嫩、楚楚可怜的对象的关系。这是一种从权力范式中解放出来的意愿。许多人，特别是西方人和日本人，也许包括普通中国人，可能会断言它是一个世纪以来那些无与伦比的残酷性的解毒剂。"[②] 另一方面，萌文化减弱了"力争上游"的竞争欲望，这有助于安抚竞争的

---

① Hiroshi Nittono, Michiko Fukushima, Akihiro Yano, Hiroki Moriya, "The Power of Kawaii: Viewing Cute Images Promotes a Careful Behavior and Narrows Attentional Focus," *PloS One*, September 26, 2012, http://journals.plos.org/plosone/article?id=10.1371/journal.pone.0046362. 感谢贝雯琏提供这篇文章。

② Simon May, *The Power of Cute* (Princeton: Princeton University Press, 2019), p.9. 然而，值得注意的是，极端形式的萌文化意味着对动物的残暴：一些猫主人让他们的宠物接受痛苦的整容手术，将单眼皮剪成更大（更可爱）的双眼皮。

"失败者"，从而让尚贤制保持稳定。①

总而言之，如果我们的任务是要在一个重视平等价值和普通人的政治参与的现代社会中将政治尚贤制合法化，那么我们不仅能够从儒家和自由民主派那里，而且能够从毛泽东的革命精神和道家那里学到很多东西。具体而言，毛泽东思想和道家的观点能帮助处于尚贤制之外的群体理解和接受这一政治制度。毛泽东思想的群众路线能够帮助基层民众获得参与政治的机会，帮助干部对群众的需要做出更积极的回应。道家对整个尚贤制是否值得向往的怀疑，则能够促进更多样的生活方式获得合法性，这些生活方式让政治尚贤制的"失败者"看到生活的意义。

然而，最后还有几个出乎意料的具有讽刺性的问题。儒家认为，最好的生活涉及为政治共同体服务，但在今天倘若要证明儒家式的尚贤制是合理的，唯一的方法就是组织一个不把服务公众尊为最高生活形式的政治体系。此外，在应对尚贤制主要挑战的不同方式之间也可能存在权衡。强有力的法家的反腐措施可能在短期内最有效，但在长期中，它们可能会进一步僵化政治层级（因为创新受到阻碍，官员变得谨慎和保守）。从长远来看，儒家式的软实力与民主开放、毛泽东思想的群众路

---

① 如果萌文化（至少在一定程度上）是对以竞争惨烈的教育体系为基础的尚贤制的回应，那么人们可能会推测，在竞争更少的社会中，萌文化不会产生实质性的社会影响。事实支持了这一假设，萌文化在挪威和丹麦这些世界上最"幸福"的国家中几乎没有什么社会影响。

线和道家对整个政治制度的怀疑的审慎组合，将有助于重振中国的尚贤制。然而，不会改变的是，我们永远需要选拔与提拔具有高于平均水平的才干与美德的官员，他们致力于服务政治共同体，而不是为自己和家庭牟利。在中国，这种理想可以追溯到两千多年前，在可预见的未来，它还将继续影响中国的政治制度。

然而，即使中国成功地缩小了尚贤制的理想和实践之间的差距，也并不意味着中国的统治者应该试图将这种政治理念输出到国外。在一种缺乏复合型官僚机构统治历史的政治文化中，缺乏对尚贤制理想的论证，这种理想可能很难或者根本就不可能实现。需要强调的是，我们也从来没有试图申言尚贤制是确保统治者和被统治者之间层级关系的唯一道德上合理的方式。当谈到国际关系时，还有不同类型的原则可以运用于不同的国家之间，我们将在下一章对此展开讨论。

"将修小大、强弱之义以持慎之，礼节将甚文，珪璧将甚硕，货赂将甚厚，所以说之者必将雅文辩慧之君子也。"

——《荀子·富国》

国家内部的社会层级在于一种服务的理念：统治者应该为人民服务。统治者不一定是纯粹的利他主义者，但国家的政策应该主要是为了人民谋福利，至少部分地出于为人民服务的目的，而不是为了统治者的私利。国家之间正义的层序关系则是不同的。国家的统治者应当把本国人民的利益放在首位，他们绝不应该为了其他国家人民的利益而全方位地牺牲本国人民的利益。正义的国际关系必须是互惠的：必须同时造福于强国和弱国[①]的人民。换句话说，正义的国际关系必须是"双赢"的。

　　互惠分两种。一种我们称为"弱互惠"，是指国家之间的层序关系基于互惠互利的理念。每个国家都从本国的角度考虑（更准确地说，统治者考虑的是本国人民的利益），如果交易或

---

① 本章提到的"强国"与"弱国"都是事实描述层面的相对概念，毕竟世上并无实力完全等同的两个国家。

结盟对两个国家的人民都有利，他们就会达成协议或结成联盟。但弱互惠是脆弱的。一旦形势发生变化，该协议或联盟对其中一国不再有利，这个国家就可能干脆选择退出，就像特朗普政府决定重新谈判或废除自由贸易协定（甚至安全联盟）一样，理由是这些协议不再有利于美国（哪怕它们曾经有利于美国）。在弱互惠的关系中，实力较弱的国家尤其被动，因为实力较强的国家一个突发的奇想就能改变协议的条款，对前者产生很大影响。另一种我们称为"强互惠"，是指两个国家同时从双方的角度，而不再仅仅从自己国家的角度考虑。统治者不再单纯从造福本国人民的角度考虑，他们愿意坚持协议或联盟，即使这可能（暂时）对他国的人民更有利。此外，强互惠关系中每个国家的利益，至少在一定程度上会受到另一个国家的利益（以及文化、历史）的影响。国与国之间相互学习，影响着人们看待自身利益的方式和对美好生活的理解。昔日的敌国可以成为拥有共同利益和价值观的友好国家，英国和美国之间的关系或许可以作为一个例子。强互惠比弱互惠要求更多（或许也更罕见），但对弱国来说更稳定，也更有利。

强国与弱国之间互惠互利的理念——无论强互惠还是弱互惠——在现代世界仍然重要吗？从表面上（法律的角度）看并非如此。理论上，我们生活在一个主权国家平等的时代。1648年《威斯特伐利亚和约》确立了主权国家平等的理想，一个主权国家应该尊重他国的主权，不干涉他国的内政。这一理想起源于欧洲，而后慢慢传播到世界其他地方。1945 年，联合国将"一人一票"原则推行到国家层面，实行"一国一票"，每个国家无论大小或贫富都享有平等的代表权。（西方）国际关系的很多理论都是基于主权国家在形式和法律上平等的这一理想。

　　然而，现实情况有所不同。正如戴维·莱克所说，"主权是权利或权威的聚集，可以根据不同的治理方式和不同的统治者进行划分……如果我们将主权视为可分割的，国家之间的权威就可以沿着连续序列而体现出区别"[1]。只需思考片刻，我们就会意识到，全球秩序由不同国家之间的层序组成。事实上，一些国家比其他国家拥有更多实际的权力。大概没有多少人真诚地关心尼加拉瓜有没有签署巴黎气候变化协议，然而美国宣布退出该协议的决定可能是一场全球灾难，因为美国在全球事务方面拥有远远高于"一国一票"的权力。就连联合国也表达

---

[1] David A. Lake, *Hierarchy in International Relations* (Ithaca and London: Cornell University Press, 2009), p.3. 亦可参见 Jonathan Renshon, *Fighting for Status: Hierarchy and Conflict in World Politics* (Princeton and Oxford: Princeton University Press, 2017)；John M. Hobson and J.C. Sharman, "The Enduring Place of Hierarchy in World Politics: Tracing the Social Logics of Hierarchy and Political Change," *European Journal of International Relations* 11.1 (2005): 63–98；Alexander Wendt and Daniel Friedheim, "Hierarchy under Anarchy: Informal Empire and the East German State," *International Organization* 49. 4 (1995): 689–721。

了全球层序制度的事实：最重要的决定往往是由安全理事会（安理会）做出的，而安理会区分了常任理事国、非常任理事国和普通成员国。这就是为什么印度和巴西这样的新兴大国一直在努力希望成为安理会常任理事国（而迄今远未获得成功）。

如果国际关系理论家的目标是提出解释国家行为的理论，以及进一步预测国际体系的未来，那他们应该更关注不同国家之间存在层序的现实。此外，可能存在很好的规范性理由来证明国家之间的层序制度是合理的。如果国际关系不过是强国欺凌弱国以得到其想要的东西，那么国际关系这个领域不需要什么规范性理论家。事实上，强大的国家着实为全球秩序贡献了力量。无论我们多么担心强国的"流氓"领导人破坏全球协议，在一个国际体系中，如果各国在制定和退出全球协议方面拥有同等权力，那么达成应对气候变化等全球挑战的协议将会困难得多。[①] 层序制度也可以促进国际和平，正如阎学通所说，"如果我们回顾近代国际历史，就会发现，那些实行层序规范的地区比那些实行平等规范的地区更好地维护了国际和平。冷战期间，美苏地位平等，两个大国为了争夺霸权进行了多次代理人战争，然而美苏分别在北大西洋公约和华沙条约组织中的特

[①] 根据"霸权稳定理论"，当单个国家成为主导国时，国际体系更有可能保持稳定。参见 Joshua Goldstein, *International Relations* (New York: Pearson-Longman, 2005), p.107。

殊地位使他们能够使这些联盟内部成员之间免于军事冲突"①。此外，存在层级的国际秩序实际上可以使实力较弱的国家受益，因为主导感意味着大国需要承担额外的责任。例如，国际安全秩序可以降低次级国家的国防开支水平。② 国家之间经济实力的差距可以让弱国受益，强国不必坚持与弱国享有平等待遇。例如，"在'10+1'合作机制[由东南亚国家联盟（东盟）和中国建立]下，中国被要求先于东盟国家实施农产品贸易零关税。这种不平等的规范使得'10+1'的经济合作比日本与东盟的经济合作发展得更快。日本要求关税平等，这减缓了日本与东盟国家经济合作的进展，使其远远落后于中国和东盟的合作进展"③。额外的权力总是伴随着额外的责任，建议强国额外承担一些责任，这并不完全是乌托邦式的想法。至少，我们需要一些理论来帮助我们区分"好的国际层序"与"坏的国际层序"，并帮助我们思考如何促进前者，避免后者。因此，正如莱克所说，"就像格式塔图片那样……重新关注层序揭示了另一种现实，如果我们选择去正视它，就会发现它一直伴随着

---

① Yan Xuetong, *Ancient Chinese Thought, Modern Chinese Power* (Princeton and Oxford: Princeton University Press, 2011), p.105.

② David A.Lake, *Hierarchy in International Relations* (Ithaca and London: Cornell University Press, 2009), p.138.

③ Yan Xuetong, *Ancient Chinese Thought, Modern Chinese Power* (Princeton and Oxford: Princeton University Press, 2011), p.105.

我们"①。

但是，我们需要的不是格式塔式的转变，而是借鉴传统的思维方式。在古印度和古中国，政治思想家发展了丰富多样的国际政治理论，他们认为国家之间的层序是理所当然的。我们可以推陈出新，从这些古老的理论出发，为当今世界提供一种别样的思路。在古印度和古中国，一些政治思想家认为国家之间可以存在弱互惠的层序关系，而另一些则主张强互惠的层序关系。接下来我们首先回顾古印度人对国际秩序的讨论，然后分析中国古代思想家对这一问题的看法，最后我们将论证"一个世界，两种层序"的理想，这可能适合于未来的全球秩序形式。

1. 古印度的全球秩序层级理念

在古印度，关于国际关系最系统的著作是考底利耶的《政事论》：英文译本接近 800 页，其中一半以上是关于外交政策和战争。② 考底利耶可能生活于公元前 4 世纪，传统观点认为他是一个精明的大臣，协助旃陀罗笈多一世在年轻时获得权力并建立了孔雀王朝。对比之下，马基雅维利看起来像一个多愁善感的理想主义者。如果考底利耶的作品在欧洲更有影响力，

---

① David A.Lake, *Hierarchy in International Relations* (Ithaca and London:Cornell University Press, 2009), p.178.

② Koutilya, trans. Patrick Olivelle, *King, Governance, and Law in Ancient India: Kautilya's Arthasastra* (New Delhi: Oxford University Press, 2013).

我们大概会用"考底利耶主义"而不是"马基雅维利主义"来描述国际政治中的非道德现实主义。考底利耶的写作时期是君主统治的小王国时代，他认为战争状态是常态，统治者应该尽最大努力扩张领土，而不受道德或宗教的限制。不仅如此，他认为统治者应该不遗余力地利用人们的迷信来实现自己的目的，例如下述刺杀敌人的战术清单。

> 在朝圣期间，（敌人）会根据他的信仰去朝拜许多地方。在那些地方，他应该对敌人耍耍花招。当敌人进入庙宇的时候，用机械装置从上方落下一堵假墙或一块石头；或者从上方发射大量的石头或其他武器；或者让门板骤然掉下；或者松开一根固定在墙上的门闩。或者，让神的雕像、旗帜或武器倒向敌人。或者，在敌人站着、坐着或走动的地方，用涂抹牛粪、喷洒香水或提供鲜花和香粉的方式来毒害他。或者，让被香水味掩盖的致命烟雾笼罩住敌人。或者，通过释放一个栓，让敌人忽然落进一个有钉子或陷阱的井里，这个井位于敌人的床或座位下方，通过一个机械装置与床或座位相连。[1]

---

[1] Koutilya, trans. Patrick Olivelle, *King, Governance, and Law in Ancient India: Kautilya's Arthasastra* (New Delhi: Oxford University Press, 2013), pp.401–402.

考底利耶对国际政治思想最重要的贡献是曼荼罗理论，即王国圈。正如帕特里克·奥利韦尔解释的那样，"一个国王被其他王国围成一圈，因为他们与他有共同的边界，所以他们自然是他的天敌。围绕这些敌国的是第二圈王国。因为他们毗邻第一圈敌国的领地，就成了（处在中心的）国王的天然盟友：敌人的敌人就是朋友。同理，那些形成第三个外围圈子的王国将是他的盟友的敌人，因此也是他的敌人。以此类推"①。值得指出的是，曼荼罗理论假定国家之间大致势均力敌，即所有国家都有能力相互发动战争。但还需强调的是，其中没有关于需要尊重其他国家领土完整的"现代"但书，因此曼荼罗理论没有假设国家平等。恰恰相反，对领土扩张的无尽追求意味着国家的大小、财富和权力会随着几近常态的战争所造成的领土得失而变化。

敌人的敌人就是朋友，这一原则也可以产生互利的结果。考底利耶认为，国王应该尽力争取互利的和平协定，"当收益相等时，就应该缔结和平协定"②。即使是实力较弱的国王也可以与强国签订和平协定："当实力较弱的国王被拥有超强军队的国王击败时，他应该迅速屈服，并献出他的国库、军队、他

① Koutilya, trans. Patrick Olivelle, *King, Governance, and Law in Ancient India: Kautilya's Arthasastra* (New Delhi: Oxford University Press, 2013), p.48.
② 同上，第302页。

自己或他的土地，以达成和平协定。"① 然而，以互利的和平协定形式出现的弱互惠充其量是暂时的。和平协定不能从根本上挑战曼荼罗理论规定的盟友/敌人结构。两个边界相邻的天敌达成和平协定是可能的，却极不稳定。国家的边界可以改变，如果战争导致两个同盟国家边界相邻，那么这两个国家可能会由以前的天然盟友变为天敌。更为根本的是，当维护和平协定不再符合他的利益时，国王可以也应该无视和平协定。考底利耶将这一点发展成极端的利己："当国王想要智胜腐败、仓促、无礼、懒惰或无知的敌人时，他应该告诉他的敌人'我们已经签订了和平协定'，但不要确定地区或者时间之类的具体信息。和平协定会产生一些信任，他应该找到敌人的弱点并向对方发起攻击。"② 因此，考底利耶式的"和平协定"应该仅被视为一种战略，其目的是"在机制和谋略上胜过并最终压倒与之缔结协定的国王"③。国王永远不应该忘记，最终目标是领土征服，越大越好（这对最终成为输家的小国来说，实在太糟糕了）。一些国家变得如此之大，以至于它们超出了曼荼罗理论中盟友

---

① Koutilya, trans. Patrick Olivelle, *King, Governance, and Law in Ancient India: Kautilya's Arthasastra* (New Delhi: Oxford University Press, 2013), p.283.

② Patrick Olivelle, "Relations between States and Rulers in Ancient India: Asoka [aka Ashoka], Kautilya, and Manu," p.13, paper presented at the workshop on "Classical Indian & Chinese World Views on Global Order: A Comparison," Berggruen Institute, 28–31 January 2018, Bangkok.

③ 同上，第9页。

和敌人的范畴：由强势国王领导的大国可以是中立的。当一个强大的"中立"国王征服了（当时已知的）世界大部分地区时，会发生什么呢？此时存在层序的国家之间有没有可能从弱互惠走向更稳定的强互惠呢？考底利耶确实谈到"正义国王"是社会和谐的保护者①，然而，为我们指明方向的是阿育王。

阿育王是印度孔雀王朝的第三代君主，是一位成功的征服者，从公元前 268 年到公元前 232 年他征服了几乎整片印度次大陆。他运用了考底利耶式的征服方法，对羯陵伽（今天的奥里萨邦）发起的残酷战争导致大约 10 万人被杀、15 万人被俘虏。然而，在权力的巅峰时期，阿育王皈依了佛教。这从根本上改变了他的观点，他从一个好战的君主变成了热爱和平的君主（他的经历可能是对于"权力导致腐败"这一定律最引人注目的反例）。他对羯陵伽战争深表遗憾，并提出了遵守"法"（*dharma*，大意为美德之道），颁布了遍布他整个帝国的石刻法敕。同时，这种传播美德的承诺并不局限于他自己的帝国："在希腊人、柬埔寨人（Kambojas）、那跋伽人（Nabhakas）、那跋班地人（Nabhapanktis）、波阇人（Bhojas）、比丁尼伽人（Pitinikas）、案达罗人（Andhras）和帕林达人（Parindas）的

---

① Mark McClish and Patrick Olivelle (eds. and trans.), "Introduction," in Kautilya, *The Arthasastra: Selections from the Classic Indian Work on Statecraft* (Indianapolis: Hackett, 2012), xlix.

帝国领土上，到处都有人遵循佛法的教诲。即使在那些诸神所爱的使者没有去到的地方，人们也依据佛法中的戒律与指导生活，他们跟随并将一直遵循佛法。这样做的结果是处处皆是胜利，无处不在的胜利是令人愉悦的。这种欢欣是通过佛法的胜利获得的。"① 这一愿景似乎只是一种理想的表达，而与现实无关。但事实上，阿育王派他的"诸神所爱的使者"到遥远的各个国度传播美德之道。

美德之道的内容是什么？最起码，它包含着对和平与非暴力的承诺。佛教式的对生命的承诺延伸到所有形式的生命，而不仅仅是人类："我（阿育王）执行了反对杀害某些特定动物和许多其他动物的法律，人类正义的最大进步来自劝诫人们不伤害生命和禁止杀害生物。"② 它也包括向外国提供医学知识。帕特里克·奥利韦尔评论："阿育王派遣这些使团的意图非常明确，这是一种传教士式的事业，旨在传播他的佛法哲学，让这些国家的统治者在他们的内政外交中采纳阿育王的道德哲学……这与基督教传教士在那些他们传福音的国家的做法非常相似。"③

我们需要注意的是，阿育王的美德之道是指在建立共同道德

---

① Patrick Olivelle, "Relations between States and Rulers in Ancient India: Asoka, Kautilya, and Manu," p.13, p.18.

② Theodore de Bary et al., eds. *Sources of Indian Tradition* (Delhi: Motilal Banardidass, 1963), p.153.

③ Patrick Olivelle, "Relations between States and Rulers in Ancient India: Asoka, Kautilya, and Manu," pp.18–19.

观的同时，借鉴不同的道德并尊重差异。从这个意义上说，他的"诸神所爱的使者"并不像基督教传教士那样只传播他们认为的唯一真理，并（明里暗里）贬低其他道德体系。此外，我们可以参考一下阿育王对族群关系的看法。阿育王的目标不仅仅在于让严重分裂的共同体之间能够实现和平共处，他还致力于族群之间的相互学习，这要求"诸神所爱的使者"的言论充满克制与尊重。

（一方面……）在两个教派没有共同根基的情况下，不应该只尊崇自己的教派，而谴责他人的教派。即便轻视也应仅限于特定的理由。另一方面，应该基于这样或那样的理由而尊重他人的教派。这样做，既能帮助自己的教派成长，也能造福他人的教派。否则，不仅会伤害自己的教派，也会伤害别人的教派。任何人只尊重自己的教派，并谴责他人的教派，完全是出于对自己教派的虔诚，例如想着"我怎样才能荣耀自己的教派"，并因此行动，这反而对他自己的教派造成了更深重的伤害。因此，只有和谐是值得称赞的，从这个意义上说，所有人都应该倾听并愿意倾听他人宣扬的教义，这实际上是圣主的愿望。①

---

① Edict XII, quoted in Rajeev Bhargava, "Asoka's Dhamma as Civic Religion: Toleration, Civility, Communal Harmony," pp.58–59, paper presented at the workshop on "Classical Indian & Chinese World Views on Global Order: A Comparison," Berggruen Institute, 28–31 January 2018, Bangkok.

如果使节不过分自吹自擂，不过度批评其他教派，他们就可以维护和平，避免羞辱其他教派。他们也必须努力转变自己的观点，正如拉贾维·巴哈加瓦所解释的那样："阿育王说，那些寻求道德进步的人不仅应该与具有不同观点的人交流以向他们学习，甚至应该遵循'恪守'他们的戒律。有时设身处地去同情、理解他人是不够的，你必须真正处在他们的位置上去思考。这种实际的伦理参与产生了一种经验的维度，而这可能会带来伦理上的变革。"[①] 显然，这一目标很接近我们所称的"强互惠"：双方尊重彼此的差异，在努力相互学习的同时，建立起一种借鉴了双方道德的共同道德。国家之间可能存在不平等的权力关系和等级，例如阿育王向弱国派遣特使而不是反过来，但我们与旨在向道德落后的原住民传播福音的基督教传教士大有不同。在当今世界，后殖民国家的知识分子最烦的就是现代使节的说教，如虚张声势的政客、犀利的记者、非政府组织积极分子、粗野的游客，更不用说持证的传教士了，这些人来自有着种族主义、殖民主义和帝国主义黑暗历史的西方国家。当然，如果来自强国的代表在与弱国打交道时，言语保持阿育王式的克制和尊重，真正怀抱着谦卑与学习的心态，那么不平等的国际关系肯定会得到改善。我们并不否认国家之间存在真

---

① Rajeev Bhargava, "Asoka's Dhamma as Civic Religion: Toleration, Civility, Communal Harmony," p.47.

正的（安全或经济）利益冲突的可能性，但如果现代国家遵守阿育王的教诲，这些冲突将更容易解决。阿育王长逝，但愿他的理想永存！

尽管阿育王提出这些关于尊重和克制言论的法令，主要是为了在他自己的帝国中建立和平与和谐的社群关系[1]，但毫无疑问，阿育王相信这些受到佛教启发的法令的普遍性，这些法令也为外交政策提供了有用的指导方针。事实证明，他的理想与中国古代政治思想家提出的国家之间强互惠的理想产生了共鸣。现在让我们来看看荀子所阐发的国家之间道德上合理的层级观念，正如我们将看到的，荀子提出了一种机制——礼，这有助于巩固存在层级差异的国家之间的强互惠关系。

2. 古代中国的全球秩序层级理念

就像在古代印度一样，中国古代思想家认为社会生活中的层级观念是理所当然的。其中，荀子最为明确地颂扬了层级的优点。众所周知，荀子是儒学的三大代表人物之一（在孔子之后，与孟子并誉）。他之所以在一个很长的历史时期没有得到

---

[1] 拉贾维·巴哈加瓦将儒家的和谐理念与此相比较，参见 Rajeev Bhargava, "Asoka's Dhamma as Civic Religion: Toleration, Civility, Communal Harmony"。

公正评价，是因为他对法家^①的影响，但他的思想对东亚社会的实际政治产生了巨大影响。他的作品清晰而系统，刻意避免了对人性和社会的乌托邦假设。事实上，他一开始就假设"人之性恶"（《荀子·性恶》）。如果人们顺从自己的身体本性，放纵自己的自然倾向，必然会发展出侵略和剥削，从而导致暴政和贫穷（《荀子·礼论》）。幸运的是，人类不止于此。人类"可学而能，可事而成之"（《荀子·性恶》）。人们可以学会克制自己的自然欲望，体会和平与互助的社会生活带来的益处。

荀子论有等级的礼

"化性起伪"的关键在于礼义（《荀子·性恶》）。通过学习和实践礼，人们可以学会控制自己的欲望，使其实际欲望与社会上可获得的善相匹配，从而产生社会安宁和物质福祉（《荀子·礼论》）。但是，到底什么是礼？荀子对礼的描述与当代对礼的描述有一些相似的特征：它是一种社会实践（相对于只涉及个人的行为而言），植根于传统（相对于新发明的社会实践而言），是非强制性的（与法律惩罚相反），其诸多细节可以根

---

① 可以说，荀子的学生韩非子系统地总结了古代中国的"法家"传统，是一个比考底利耶更为彻底的非道德现实主义者。参见 Daniel A. Bell, *Beyond Liberal Democracy: Political Thinking for an East Asian Context* (Princeton: Princeton University Press, 2006), ch.8。然而，韩非子过于暴戾。他系统地否定了荀子理论的主要假设——人性可以得到改善，法律处罚应排在礼之后，"仁道"（humane authority）应设定道德标准以评估统治者——并提出了残酷的政策，例如杀害儒家思想家，而这将导致他的老师荀子被处决。

据时代和社会的变化与不同而相应调整。

荀子对礼的描述是由规范意识所驱动的，他强调了两个对于今天的读者来说可能不太熟悉的角度。在英语中，"ritual"（礼）一词往往意味着做些社会规范方面的表面文章。这就是为什么"ritual"常见的搭配形容词是"empty"（空的），意思是礼缺乏真实的情感。但这不是荀子意义上的礼，在荀子看来，礼必须涉及情感和行为："凡礼……故至备，情文俱尽。"（《荀子·礼论》）荀子认为，礼的主要目的是教化我们的动物本性，如果人们只是在没有任何情感的情况下例行公事，他们就不太可能改变他们的本性，做到化性起伪。礼需要涉及或触发情感反应，从而对参与者产生影响。因此，礼往往需要伴随着有助于触发情感反应的音乐[荀子用了整整一章的篇幅来阐述音乐的道德和政治效果（《荀子·乐论》）]。礼主别异，乐主合同。时至今日，在汉语中，"礼"往往与"乐"同时出现，这两个概念几乎密不可分。

此外，同样重要的是，荀子对礼的阐述涉及社会层级：根据层级（与旨在平等对待每个人的做法相反），不同的人享有不同的礼的待遇。正如荀子所说，"君子既得其养，又好其别。曷谓别？曰：贵贱有等，长幼有差，贫富轻重皆有称者也"（《荀子·礼论》）。但是，荀子为什么要强调礼必须是有等级的呢？在某种程度上，他认识到社会层级存在的事实，有等级的礼可以帮助确保社会和平：通过将不同的责任、特权和物品分配给不同的人，礼有助于防止处于不同社会地位的人在这些事情上发生冲突。[①]但有等级的礼不仅仅在于平息潜在的不满等问题，也不仅仅是为了证明给那些拥有更多权力的人提供更多商品的制度的合理性，更重要的是，它对于产生社群感必不可少，同时有助于激发保护最底层人民的利益的情感倾向。

与其他儒者一样，荀子志在说服君主采纳他的思想，因为只有君主才有直接而强大的权力以理想的方式改造社会。在一个理想的社会里，智慧和仁慈的君主会实施这样的礼，整个社会也会变得和谐与繁荣。但是，非理想的社会又该何去何从呢？荀子对语境的敏感是出了名的，他主张针对不同的语境开出不同的药方。问题在于如何说服那些尚未在道德上转变的统治者。为此，荀子不得不迎合他们的自身利益。强者从"不文明"的社会中攫取最多，因为强者可以依靠蛮力剥削弱者。而那些有权力的人需要被说服，他们需要体会并认可自己会受益于一个表面上限制了他们欲望的社会制度。因此，荀子对礼的大部分讨论都是为了说服政治统治者在社会上推广礼乐符合他们的利益。他说："礼者，治辨之极也，强固之本也，威行之道也，功名之总也。王公由之，所以得天下也；不由，所以

---

① Eric L. Hutton, "Introduction," in Xunzi, *Xunzi: The Complete Text* (Princeton and Oxford: Princeton University Press, 2014), xxvii.

陨社稷也。"(《荀子·议兵》)"乐中平,则民和而不流;乐肃庄,则民齐而不乱。民和齐,则兵劲城固,敌国不敢婴也。如是,则百姓莫不安其处,乐其乡,以至足其上矣。然后名声于是白,光辉于是大,四海之民,莫不愿得以为师。是王者之始也。"(《荀子·乐论》)

当然,礼不可能仅仅让统治者受益。马克思主义者和自由民主党人都谴责有等级的礼,因为这些礼看起来是为了造福封建社会的统治阶级而设计的,所以不适合现代。然而,这是对荀子的误读。对荀子来说,有等级的礼也有造福于弱者和穷人的效果,这些人在"自然状态"中的表现会更差:"人生而有欲,欲而不得,则不能无求;求而无度量分界,则不能不争;争则乱,乱则穷。"(《荀子·礼论》)无序和贫穷对弱势群体的打击最大。荀子说,在没有礼的情况下,"强者害弱而夺之"(《荀子·性恶》)。实行礼意味着"贵者敬焉,老者孝焉,长者弟焉,幼者慈焉,贱者惠焉"(《荀子·大略》)。

但是,为什么荀子要强调涉及不同权力的人的礼呢? 有等级的礼在一种情况下似乎显得最具吸引力,那就是在将不同身份的人排除在外的实践(隔离政策)的对比之下,后者允许有钱有权的人做他们自己的事情,穷人和弱者也只能做自己的事(想想关于印度种姓制度的刻板印象,或者在美国这样高度分层的社会中富人和穷人的不同)。通常情况下,我们并不是在"有等级的礼"和"平等的礼"之间进行选择，而是在同时涉及强者和弱者的礼与分别适用于权势者和无权势者的两套不同的礼之间进行选择。荀子主张前者。例如，乡里饮酒的礼仪受到赞扬，因为对待贵宾和一般的陪客有主有次，却不遗漏任何一个人，荀子赞叹道："贵贱明，隆杀辨，和乐而不流，弟长而无遗，安燕而不乱，此五行者，足以正身安国矣。"（《荀子·乐论》）诸如诞生礼、婚礼和葬礼之类的礼也具有将穷人和边缘化的人纳入社会文化和共识的效果。正如伊沛霞（Patricia Buckley Ebrey）所说："儒家文献和基于它们的礼并不仅仅传达社会差异。在另一个层面上，人们通过知礼守礼培养一种共性，来克服这些社会差异……随着时间的推移，家庭的礼所表现的阶级差异似乎缩小了，而不是扩大了。"[1] 有等级的礼要求权势者将无权势者视为群体的一部分，这样一来，他们更有可能为弱势群体做些事情（或者最起码可以约束自己不要过于贪婪）。

尽管荀子厌恶宗教，反对迷信，也反感对于生者的世界做出一些超自然的解释，但他非常重视以正确的方式来对待逝者，这并不是巧合。显而易见，逝者最不能保护自己的利益。因此，那些相对于逝者有权力的人，即活着的人，需要通过某种

---

[1] Patricia Buckley Ebrey, *Confucianism and Family Rituals in Imperial China* (Princeton: Princeton University Press, 2014), p.228.

礼来规范自己以尊重逝者。荀子非常细致地规定了妆扮逝者尸身的必要性："死之为道也，不饰则恶，恶则不哀；尔则玩，玩则厌，厌则忘，忘则不敬。"（《荀子·礼论》）他还指出，逝者的尸身每次被妆扮时，都必须移去更远的地方。丧礼时间长，哀痛的心情才能逐渐平复，活着的人才能缓慢地恢复日常生活，也能将这种尊敬的心带入他们的生活。"故变而饰，所以灭恶也；动而远，所以遂敬也；久而平，所以优生也。"（《荀子·礼论》）

对于荀子来说，有等级的礼的真正道德价值在于，它让拥有不同权力和地位的人产生了一种共同体的感觉，这种共同体的意识对每个人都有好处。换句话说，它有助于在存在等级的成员之间产生一种强互惠感，大家会认为他们的命运是共同的。[①]将他们聚在一起的这一纽带比支撑"弱互惠"的不那么稳定的利益更强大，这也是义利之辩的一种朴素呈现方式。

荀子心中不只有"国内政策"，他认为有等级的礼不仅可以在一个国家内部发挥作用，也可以在不同国家的人民之间产生积极影响。[②]荀子特别批评国与国之间的经济外交，理由是它最多只能产生一种微弱的互惠感。一旦国家利益不再一致，

---

① 当然，唯一的例外大概是生者与死者之间的等级关系：死者无法意识到与生者的共同命运，并且他们不具备以任何有意识的方式回馈生者的能力。

② 相关内容参考了 Yan Xuetong, *Ancient Chinese Thought, Modern Chinese Power* (Princeton: Princeton University Press, 2011), ch.2, 以及贝淡宁为此书所写的序。

这种互惠感就会荡然无存。

> 事之以货宝，则货宝单而交不结；约信盟誓，则约定
> 而畔无日；割国之锱铢以赂之，则割定而欲无厌。事之弥
> 顺，其侵人愈甚，必至于资单国举然后已。[①]

尽管如此，荀子并不否认存在一些相对稳定和持久的"弱
互惠"。在一个由自私自利的国家所组成的无政府主义世界里，
荀子所说的"霸"可以通过战略上的"信"来确立其在国家间
的领导地位。

> 德虽未至也，义虽未济也，然而天下之理略奏矣，刑
> 赏已诺信乎天下矣，臣下晓然皆知其可要也。政令已陈，
> 虽睹利败，不欺其民；约结已定，虽睹利败，不欺其与。
> 如是，则兵劲城固，敌国畏之；国一綦明，与国信之。虽
> 在僻陋之国，威动天下，五伯是也。非本政教也，非致隆
> 高也，非綦文理也，非服人之心也；乡方略，审劳佚，谨
> 畜积，修战备，齺然上下相信，而天下莫之敢当。故齐桓、
> 晋文、楚庄、吴阖闾、越勾践，是皆僻陋之国也，威动天

---

① 《荀子·富国》，英文引自 Yan Xuetong, *Ancient Chinese Thought, Modern Chinese Power* (Princeton: Princeton University Press, 2011), p.81。

下，强殆中国，无它故焉，略信也。是所谓信立而霸也。①

战略上的"信"也必须以硬实力作为基础，不然这个霸主无法获得盟友的信任。因此，有了财富、军事实力和战略上的"信"这三重保障，一个自私自利但诚实的霸主可以与较弱的国家建立起基于某种互惠的关系。让我们称这种仅仅基于国家的自身利益却又较为稳定的关系为"弱互惠+"——比弱互惠强那么一点点，它比考底利耶式的和平协定或赤裸裸的经济外交更稳定。

然而，最稳定（也是最令人向往）的国际秩序领导者是荀子所说的"王"：这个领导者不仅赢得了国内的民心，也受到国外人民的拥护。在国内，正确地践行礼，并实施确保和平与繁荣的有效政策，是成功领导人民的关键："故修礼者王，为政者强，取民者安，聚敛者亡。"（《荀子·王制》）② 在国内树立一个好榜样是必要的，但还不够。王道通过将国家的礼制度化来赢得海外人士的心。

---

① 《荀子·王霸》，英文引自 Yan Xuetong, *Ancient Chinese Thought, Modern Chinese Power* (Princeton: Princeton University Press, 2011), pp.88–89。

② 在这里，我们与阎学通的观点存在分歧。阎学通批评荀子的王道观念，理由是荀子的王道也需要硬实力的基础，而这点被荀子忽视了。事实上，荀子对王道应该执行的国内政策进行了广泛的讨论，包括需要建立复杂的官僚机构（特别是《王制》与《臣道》两章），以造福人民、增强国家实力。

将修大小强弱之义以持慎之，礼节将甚文，圭璧将甚硕，货赂将甚厚，所以说之者，必将雅文辩慧之君子也。彼苟有人意焉，夫谁能忿之？若是，则忿之者不攻也。为名者否，为利者否，为忿者否，则国安于盘石，寿于旗、翼。（《荀子·富国》）

此外，礼的内容取决于国家的层序。被儒家思想家视为理想的西周，以畿服体系树立了与周边国家有序之礼的典范：

夫先王之制：邦内甸服，邦外侯服，侯、卫宾服，蛮、夷要服，戎、狄荒服。甸服者祭，侯服者祀，宾服者享，要服者贡，荒服者王。日祭、月祀、时享、岁贡、终王，先王之训也。有不祭则修意，有不祀则修言，有不享则修文，有不贡则修名，有不王则修德，序成而有不至则修刑。于是乎有刑不祭，伐不祀，征不享，让不贡，告不王。于是乎有刑罚之辟，有攻伐之兵，有征讨之备，有威让之令，有文告之辞。布令陈辞而又不至，则增修于德而无勤民于远，是以近无不听，远无不服。（《国语·周语上》）

正如阎学通所解释的，一般情况下，"以不同频率来进贡的

（礼的）规范是根据距离王位的地理远近而定的"①。在某种程度上，"更紧密的政治共同体之间有着更大程度的互惠"这一原则与当时长途旅行的困难息息相关。然而，领土毗邻也会产生更多的安全威胁。但是，一个强大的国家可以做到"中立"（借用考底利耶的术语）。它可以为周边国家提供安全保障，为层序关系中的各方提供有利的和平条件，从而满足弱互惠的要求。甚至一个强国与一个相对的弱国之间领土接近，可以使得人们实行更频繁的礼和互动，从而为长期和谐的关系打下基础。我们更倾向于这种建立在共同价值和相互学习基础上的强互惠关系。

我们所讨论的强互惠不仅仅存在于理论中，实际上，有层序的政治共同体之间互惠的理念决定了中国古代的朝贡制度：中央国家在中心，边缘国家在外部。在这种制度下，根据礼的规定，朝贡国的统治者或他的使者必须去中国朝拜；中国则为其提供安全保障与经济上的丰厚回报。②在明代，中国周边的政治共同体被划分为五个区域，相应于西周的"五服"体系，朝贡的频率（大致）与这些国家距离中国中心（首都）的远近相关。有趣的是，朝贡系统既允许弱互惠，也允许强互惠。提供给周边国家的安全保障维系了区域的和平，这对中国

① Yan Xuetong, *Ancient Chinese Thought, Modern Chinese Power* (Princeton: Princeton University Press, 2011), p.98.

② John K. Fairbank and Ssu-Yu Teng, "On the Ch'ing Tributary System," *Harvard Journal of Asiatic Studies* 6.2 (1941): 138–139.

和朝贡国都有利。了解历史的人都知道，中国与朝贡国的关系总体上还是相对和平的（与同时期欧洲历史相比）：根据康灿雄（David Kang）的研究，在明清朝贡制度下的五个世纪里，朝鲜、日本和中国之间只有一次战争。[1] 更有趣的是，即使当时没有尊重国家平等主权的概念，这些国家的边界也得到了尊重：朝鲜、日本、越南和中国之间的边界相对固定，在这五个世纪里没有明显的变化。

就经济关系的动态而言，朝贡制度比欧洲帝国主义更加引人注目。欧洲帝国主义的部分动机（如果不是主要的）是追求利润，但朝贡制度对中国来说在经济上是净亏损，总体上对朝贡国是有利的。[2] 贡品和回礼之间的不平衡有助于维持以中国为中心的东亚政治秩序，因为这使得中国的朝贡国乐意承认自己政治上的次要地位，从而有权朝贡并接受回礼。[3] 萨瓦尔托雷·巴博内斯评论："皇帝甚至可以通过拒绝接受朝贡国的贡品来惩罚他们，而这种'惩罚'只有在朝贡者曾获得不成比例

---

[1] D.C. Kang, *East Asia before the West: Five Centuries of Trade and Tribute* (New York: Columbia University Press, 2010), p.105.

[2] 同上，第 63 页，第 114 页。亦可参见 Zhaoguang Ge, trans. Michael Gibbs Hill, *What Is China? Territory, Ethnicity, Culture, and History* (Cambridge, MA: Belknap Press of Harvard University Press, 2018), p.138.

[3] Gungwu Wang, "Ming Foreign Relations: Southeast Asia," in D. Twitchett and F.W. Mote (eds.), *The Cambridge History of China*, vol. 8: *The Ming Dynasty*, part 2: 1368–1644 (Cambridge: Cambridge University Press), pp.301–332.

的利益的情况下才有意义。"[1] 显然，这些层序关系满足了弱互惠的条件，因为它们是互惠互利的，在某些方面甚至对较弱的国家更有利。

更具争议性的是，朝贡体系还允许有层序的国家之间存在一定程度的强互惠。中国使用道德力量传播儒家规范，使得传统的生活方式和伦理实践蓬勃发展。[2] 韩国、越南和日本（程度较小）愿意接受中国的思想和制度（典型的如考试制度），并试图以中国为榜样。[3] 我们无意否认，朝贡体系中国家间的互动主要是出于工具性的考虑，但张锋的实证分析发现，明初中国与朝鲜、日本、蒙古的外交大约有五分之一的时间旨在表达儒家礼仪——一种我们所说的"强互惠"的形式。[4]

当然，在实践中，弱互惠也经常被破坏。阿拉斯代

---

[1] Salvatore Babones, *American Tianxia: Chinese Money, American Power, and the End of History* (Bristol: Policy Press, 2017), p.23.

[2] Immanuel C.Y. Hsu, *China's Entrance into the Family of Nations* (Cambridge: Harvard University Press, 1960), pp.8–9. 当代研究表明，儒家的共同价值观仍然对东亚的韩国和越南等前"朝贡国"有深远影响。可参见 Richard E. Nisbett, *The Geography of Thought: How Asians and Westerners Think Differently ... and Why* (New York: Free Press, 2003)；Daniel A. Bell, *Beyond Liberal Democracy: Political Thinking for an East Asian Context* (Princeton: Princeton University Press, 2006)。传播到越南的儒家价值观也帮助越南人在随后的历史中抵抗外国入侵者，参见 Neil Sheehan, *A Bright Shining Lie: John Paul Vann and America in Vietnam* (New York: Vintage, 1989)。

[3] D.C.Kang, *East Asia before the West: Five Centuries of Trade and Tribute* (New York: Columbia University Press, 2010), pp.8–9, chs.3–4.

[4] Zhang Feng, *Chinese Hegemony: Grand Strategy and International Institutions in East Asian History* (Stanford, CA: Stanford University Press, 2015), p.7, p.177.

尔·兰·约翰斯顿在研究关于明朝对蒙古人的宏观战略的过程中，震惊于当时"普遍存在的假设和决策实际上高度重视使用纯粹的暴力来解决安全冲突"[1]。其他人则认为朝贡制度本身在很大程度上是西方汉学家的发明，无法有效地解释中国与邻国长久以来的互动。[2] 在历史实践中，中国朝廷通常不会用朝贡关系来干涉邻国的内政，中国周边的国家往往可以完全独立地处理本国问题。按照庄国土的说法，朝贡制度是"虚幻"的。[3]

然而，即使中国朝贡制度的理想与现实之间存在着很大的差距，也不意味着这个理想在今天就不值得捍卫。从表面上看，朝贡制度似乎也是强国和弱国之间层序关系的好出路。中央权力为较弱的周边国家提供物质利益和安全保障，较弱的国家象征性地向中央权力致敬，双方都有对于这一层序关系的诠释与再诠释的权利，而这种礼的互动频率取决于周边国家与中央权力的地理距离。这样的约定是互利的，而礼有助于在强国和弱

---

[1] Alasdair Ian Johnston, *Cultural Realism: Strategic Culture and Grand Strategy in Chinese History* (Princeton: Princeton University Press, 1995), xi. 然而，正如康灿雄所指出的那样，约翰斯顿的研究主要针对中国北方和西部边境的游牧民族。韩国、日本和越南拥有中国的"儒家"世界观，并且与中国的关系更加稳定与和平，参见 D.C.Kang, *East Asia Before the West: Five Centuries of Trade and Tribute* (New York: Columbia Press, 2010), p.10。

[2] Zhang Feng, "Rethinking the 'Tribute System': Broadening the Conception Horizon of Historical East Asian Politics," *Chinese Journal of International Politics* 2.4 (2009): 545–574.

[3] 庄国土:《略论朝贡制度的虚幻：以古代中国与东南亚的朝贡关系为例》,《南洋问题研究》, 2005 年第 3 期。

国之间产生一种共通感，即我们所谓的强互惠。那么，今天中国是否应该尝试与周边国家重新建立朝贡制度呢？阎学通坚定地回答说："任何试图恢复朝贡制度的努力都会削弱中国的国际政治动员能力。"[①]

3. "一个世界，两种层序"体系

无论朝贡制度在过去发挥了怎样的积极作用，在现代世界，哪怕只是将它作为一种理想都是困难的。最直接的原因是，朝贡制度象征性地确立了朝贡国在政治和伦理中的次要地位，这与主权国家一律平等的理念不相容。但在现实中，正如前面提到的，国家既不是主权的，也不是平等的。众所周知，主权平等的理想与现实相去甚远（大家甚至心知肚明，在可预见的未来也不太可能实现），但人们仍旧可以做些支持主权平等理想的表面文章。在政治理论中，关于虚伪的争论由来已久。[②] 例如，柏拉图在《理想国》中为"高尚的谎言"做过著名的辩护，旨在说服那些处于政治层级最底层的人支持一个由哲学家王管理的理想共和国。宗教怀疑论者大卫·休谟曾经为一处历史悠

---

① Yan Xuetong, *Ancient Chinese Thought, Modern Chinese Power* (Princeton: Princeton University Press, 2011), p.104.

② "谎言"也可能是有用的，哪怕大家都知道是假的，参见 Anthony Appiah, *As If: Idealization and Ideals* (Cambridge, MA: Harvard University Press, 2017)。

久的教会做出了激烈的辩护，理由是它对社会秩序至关重要。^①同样地，荀子很可能不相信人类实践礼义会影响鬼神等超自然生物，但他仍然为宗族和宗教仪式辩护，因为这些公共仪式会带来积极的心理和社会影响。^② 今天，施特劳斯派的政治理论家故意宣传他们自知的虚假理念（一个比较典型的例子是自然权利），理由是它们对于安抚受教育程度低的大众是必要的，群氓无法处理令人不安的哲学真理，这些真理会让他们怀疑普通生活方式的最终价值。我们可以认为，关于支持主权国家平等理想的表面文章也属于类似状况。

也就是说，口惠而实不至的主权平等是有限度的。最明显的是，如果统治者大规模侵犯本国人民的基本人权，他们就会失去执政的道德权利。先秦儒家思想家孟子就捍卫了这样的观点，即如果政治干预目的是解放被暴君压迫的人民，那么我们今天所说的"人道主义干预"就是合理的。^③ 中国政府近年签署了一项国际协议，其中规定了保护人民免受种族灭绝和系统

---

① Dennis C. Rasmussen, *The Infidel and the Professor: David Hume, Adam Smith, and the Friendship that Shaped Modern Thought* (Princeton: Princeton University Press, 2017), pp.174–175.

② Eric L.Hutton, "Introduction," in Xunzi, *Xunzi: The Complete Text* (Princeton: Princeton University Press, 2014), xxix.

③ Daniel A. Bell, *Beyond Liberal Democracy: Political Thinking for an East Asian Context* (Princeton: Princeton University Press, 2006), ch.2.

性侵犯基本人权的责任。^①此外，主权国家平等的理想不应被强国用以充当推卸来自全球性挑战的额外责任的借口。如果我们认为社会正义需要政治领导人考虑所有受其政策影响的人的利益，那么大国的政治领导人有责任考虑他们的政策不仅会影响本国的当代人民，还会影响子孙后代、其他国家的人民以及整个自然世界。如果大国发动大规模战争或在气候变化和人工智能等一系列问题上犯下"错误"，那就是真正的世界末日。正如一位作家所言，中国"撼动世界"^②。相比之下，没有人会写一本题为《加拿大撼动世界》的书。因此，如果大国领导人宣称他们只为本国当前人民的利益着想，那简直是不道德的。就连美国前总统特朗普也声称，他捍卫的是"美国优先"原则，而不是"只为美国"的原则。^③简而言之，针对主权国家平等的理想做一些表面文章并非不可取，但大国不应以此为借口推卸本应承担的额外全球责任。

要想在现代世界重新建立朝贡体系，还有一个关键难点：从道德角度来看，今天的强国未必最文明，也未必最先进。朝

---

① Courtney J. Fung, "China and the Responsibility to Protect: From Opposition to Advocacy," *United States Institute of Peace*, June 8, 2016, https://www.usip.org/publications/2016/06/china-and-responsibility-protect-opposition-advocacy.

② James Kynge, *China Shakes the World: A Titan's Rise and Troubled Future—And the Challenge for America* (New York: Mariner Books, 2017).

③ 参见特朗普于 2018 年 1 月 26 日在达沃斯的演讲。https://www.weforum.org/agenda/2018/01/president-donald-trumps-davos-address-in-full-8e14ebc1-79bb-4134-8203-95efca182e94/.

贡制度的前提是，中国是文化和道德中心，中国可以并且应该将其优越的文明传播到世界其他地方。越靠近北京（明清时期的首都）的国家（或区域）越文明，反之则越野蛮。今天没有人当真持有这种观点。这并不是否认地缘上接近强国的价值。考底利耶担心领土毗连会产生冲突，这在今天依旧成立，因此大国需要与邻国建立互利的和平协定：例如，强国可以向邻国提供核保障，条件是这些国家没有制造自己的核武器。地缘上的邻近也会带来更多的互动——礼或者其他方面的互动，因此能够为形成基于共同价值观的强互惠提供可能，这类似于阿育王派遣使节向邻国传播佛教文化。简而言之，当今的挑战在于重建一种强国和周边（相对弱的）国家之间的正序关系——这种关系的诠释与再诠释的权利同时把握在强国和周边（相对弱的）国家手中，促使双方形成强互惠的纽带，同时依然可以就主权国家平等的理念做些表面文章。

中国传统天下观的现代版本可以启发我们思考一个既可取又令人向往的国际正序。"天下"是一个模糊概念，不同时期有着不同内涵，甚至在同一时期其意思也有所不同。例如，在唐朝，天下实际上或指唐朝统治者所治理的范围，或指整个世界（中国在中央，其他国家在中国的外围）。① 有时这个术语是描述性的，意思就是领土；有时这个术语又是规范性的，表达

---

① 李方：《试论唐朝的"中国"与"天下"》，《中国边疆史地研究》，2007 年第 2 期。

一种理想，与现实恰恰相对立。例如，在《孟子》中"天下"出现了86次[1]，往往指一个统一的、没有领土边界的、由仁君统治的世界理想，这个理想本身是为了与战国时期各个小国家残酷争夺领土的丑陋现实相比照。

在当代，"天下"这个古老概念被哲学家赵汀阳重新复活，他给"天下"以规范性的定义。根据赵汀阳的叙述，"天下"有三重含义：（1）地理世界，指的是全世界；（2）心理世界，世界各国人民亲如一家；（3）制度世界，世界政府具有确保普遍秩序的权力。[2] 西方评论家对这个思想架构提出了质疑。例如，威廉·卡拉汉指出赵汀阳的"天下"的理想在为试图取代西方霸权的"中国霸权"打掩护。[3] 但我们关注的是，赵汀阳明确地认同层级分明的世界主义理想。从制度上讲，他主张有一个世界政府比任何一个国家（包括中国）拥有更多的领土和资源："世界政府直接管辖的土地叫作王城（King-land），规模大约是一个大型次国家（sub-state）的两倍，中型次国家的

---

[1] Yuri Pines, "Changing Views of 'Tianxia' in Pre-Imperial Discourse," *Oriens Extremus* 43 (2002): 108.

[2] Zhao Tingyang, "All-under-Heaven and Methodological Relationism: An Old Story and New World Peace," in *Contemporary Chinese Political Thought: Debates and Perspectives*, eds. Fred Dallmayr and Zhao Tingyang (Lexington: University of Kentucky Press, 2012), pp.46–66. 关于赵汀阳的最新构想，可参见赵汀阳：《天下的当代性：世界秩序的实践与想象》，中信出版社，2016 年。

[3] William A. Callaghan, "Chinese Visions of World Order: Post-hegemonic or a New Hegemony?" *International Studies Review* 10 (2008): 749–761.

四倍。世界政府控制的军事力量强于大型、中型、小型的次国家，其比例为 6:3，6:2，6:1。这种比例设计限制了世界政府的王城在资源或军事实力上相对于那些次国家的优势。"[1] 问题在于，赵汀阳对天下的解释既不令人向往也不可取。

赵汀阳表示，正是大约三千年前周朝开国元老们，即孔子所仰慕的圣王们，提出的价值观和实践方法激励了他的构想，但他的理想与儒家的关键价值观"差等之爱"根本不一致。赵汀阳所谓的全球政府旨在得到世界人民亲如一家的支持[2]，但这个理想更多地契合墨家思想和佛教思想、基督教思想、马克思主义，以及旨在打破特定羁绊的自由世界主义等外来传统。每个中国知识分子都知道《大学》中的一段名言："古之欲明德于天下者，先治其国；欲治其国者，先齐其家；欲齐其家者，先修其身。"儒家思想的一个重要目标是，从个人和家庭的伦理秩序出发给国家带来秩序，从而在世界范围内传播和平。这一理想是全球和平的和谐政治秩序。但是，《大学》这样的经典并没有提倡与本国之外人民的联结应该像与本国人民的联结一样（或者更加）强烈。原因很简单：伦理联结应该从亲密关

---

[1] Zhao Tingyang, "All-Under-Heaven and Methodological Relationism: An Old Story and New World Peace," in *Contemporary Chinese Political Thought: Debates and Perspectives,"* eds. Fred Dallmayr and Zhao Tingyang (Lexington: University of Kentucky Press, 2012), p.57.

[2] 同上，第79页。

系推廓到其他人，但是伦理联结推得越远，伦理情感的浓度就越低。我们更应该关爱亲密的人（从家庭成员开始），而不是一上来就爱陌生人，因为家人是幸福的主要源头，我们给家人的爱的呼应也应该最多。换句话说，多样的伦理关系并不是同等重要的，远近亲疏会决定先后序列。尽管我们确实有义务将爱推展到亲密关系之外，但同样程度的情感和责任不太可能会延伸到陌生人身上。家庭成员间的关爱义务比公民间的关系义务要求更高，公民间的义务比公民与外国人之间的义务要求更高，人类之间的义务应该比人类与非人类形式的生命之间的义务要求更高。爱有差等的理想并非意在否认我们对更广阔世界的义务。正如我们应该把伦理联结延伸到家庭之外，我们也应该把伦理联结拓展到国家之外。将这种关切扩大到外国人，也是自然和应当的。根据差等之爱的逻辑，至少需要对本国政治共同体做出某些特定承诺，然后将这种承诺（以递减的程度）延伸到外国人。简而言之，赵汀阳对天下的心理世界的解释和儒家推己及人的心理模式刚好相反：相比于对总体世界的承诺与关切，对特定政治共同体的承诺与关切应该具有伦理和政治上的优先地位。我们确实需要考虑我们对世界的义务，但是不能任由它系统地凌驾于我们对更靠近我们自身的共同体的特殊义务之上。

赵汀阳对"天下"的解释存在的另一个问题是，他没有提供任何看起来合理的机制来实现他的理想。正如张锋所说，"赵（汀阳）理论体系最严重的缺陷是他没能为天下体系中他所极力强调的世界制度的形成指出一条明确的路径。他坚持世界制度的优先性，但没能提供有关它如何产生的任何论述"[①]。张锋在 2010 年写下了这些评论，随着民粹主义在这十多年间的兴起，理想和现实之间的差距进一步拉大，几乎到了难以转圜的地步。

不过，我们可以试着重新表述赵汀阳的理想，使其既令人向往又可取。我们所要做的就是将"世界"改为"东亚"，即捍卫对东亚地区的认同和情感，且并非暗示这种认同和情感需要凌驾于对国家（或其他"次级"共同体，例如家庭）的伦理情感和政治责任。因此，让我们重新表述"天下"的理想：（1）地理世界，指的是东亚；（2）心理世界，至少在弱互惠意义上，东亚人民同心同力，理想的状态是东亚各国之间发展出强互惠的关系；（3）制度世界，中国领导的东亚政治秩序支持国家主权平等的理想。在这个意义上，现代版本的"天下"体系中，中国凭借其占主导的经济地位和日益增强的军事能力成为东亚的中心，中国在东亚地区既有额外的权力，又有额外的责任。在实践中，这可能意味着建立以中国为主要力量的东亚

---

① Zhang Feng, "The Tianxia System: World Order in a Chinese Utopia," *Chinese Heritage Quarterly* 21 (2010): 108–112.

区域性机构，或许这类似于德国在欧盟中的角色。作为核国家，中国可以向朝鲜等实力较弱的国家提供安全保障和经济利益，以换取他们进行核裁军。这可能意味着形成共同的东亚金融机构（甚至是流通共同货币，最起码以同一种东亚货币结算），中国作为主要参与者，在经济危机时期需要承担起救助较弱东亚国家的责任。更灵活的主权方式实际上可能有助于解决中国与邻国的领土争端。正如艾伦·卡尔松所说，"在一个重构的天下体系中，20世纪以来一直困扰中国领导人的领土和管辖权问题可以重新想象为涉及周边地区的问题，而不是关于主权承认的零和争端。从这个意义上说，天下秩序可能会为这类争端的新解决方式铺平道路，从而使该地区变得更加稳定安全"。如艾伦·卡尔松所认识到的，问题在于中国周边国家可能会将此解读为一种威胁："在这样的体系中，中国显然将占据至高无上的地位，而它的那些邻国理论上将接受这种领导，并向中国效忠。"[1] 但是，中国的"外围"国家不需要在任何官方意义上效忠（这就是与朝贡制度的关键区别），只要它们在具有全球意义的问题上认同中国的决定。

　　这样的安排现在看来似乎不太可能，但奇怪的事情总会发

---

[1]　Allen Carlson, "Moving beyond Sovereignty? A Brief Consideration of Recent Changes in China's Approach to International Order and the Emergence of the Tianxia Concept," *Journal of Contemporary China* 20.68 (2011): 101–102.

生，谁能在二战战事正热的时候想象欧盟的诞生？更何况，与欧洲不同，东亚地区以中国为中心的悠久历史可以为重建和维持由中国领导的东亚地区秩序提供心理基础。尽管如此，我们必须认识到，中国的邻国，如韩国、日本和越南这些曾经紧密整合在以中国为中心的朝贡体系中的国家，似乎对中国日益增长的经济和军事实力感到格外担忧。

那么，中国如何才能重新赢得邻国的信任呢？传统意义上讲，以尚武的方式解决地区争端，显然不可能长期有效。归根结底，中国要在国内树立一个好榜样。正如阎学通所说，"中国要成为一个王道模范的超级大国，首先必须成为其他国家愿意学习的典范"[①]。作为地区领导者，中国也将努力为邻国提供相应的利益互惠，这是弱互惠的基础。至少，这已经意味着东亚的和平可以得到确保。无论我们如何看待和理解中国的外交政策，一个强有力的事实是，中国自1979年以来没有参与过任何战争。但中国应该试图争取实现更多的区域成就。最理想的情况则是，中国将通过阿育王式的尊重和克制的辞令以及旨在生成一种共通感的荀子式的共同礼义等方式，为强互惠创造和提供条件。这种强互惠不同于朝贡制度，朝贡制度默认中国向文化和道德不那么先进的邻国教授自己的文明，但是在东亚

---

① Yan Xuetong, *Ancient Chinese Thought, Modern Chinese Power* (Princeton: Princeton University Press, 2011), p.99.

版的天下体系中学习曲线将是双向的,"外围"国家向中国学习,中国也虚心向邻国学习。正序之中,国家间最深的联结是由尽可能最强的互惠形式支撑的。

有时实力较弱的国家需要充分利用不那么理想的解决方案。例如,加拿大曾两次受到更强大的南部邻国的入侵(分别在 1775 年和 1812 年,加拿大尚未成为一个独立国家),至今仍有许多加拿大人为自己与美国人的不同而感到自豪。但加拿大人知道自己属于小国家(就人口和全球影响力而言),加拿大政府通常不会做激怒这个更大也更强的南方邻国的事情。加拿大偶尔会反对美国的外交政策(例如,2003 年加拿大议会反对美国入侵伊拉克),但加拿大人不会想要邀请英国人(或中国人)在加拿大建立军事基地作为对抗美国的缓冲。如今的协议也让实力较弱的一方受益:与美国保持良好关系对加拿大人来说很有意义,这样加拿大不必在军事上开销太多,政府可以投入更多的资源来提高加拿大人民的福利。由此可见,加拿大人在国际舞台上与美国人就是不平等的,但如果美国主导的北美版"天下"里的一点不平等能让加拿大人民受益,那又有什么问题呢?[1]

尽管如此,有人争辩,美国在东亚地区的军事基地实际上

---

[1] 关于北美版"天下"的讨论,参见 Salvatore Babones, *American Tianxia: Chinese Money, American Power, and the End of History* (Bristol: Policy Press, 2017), p.22。

意在遏制中国的崛起。中国很可能在未来几十年成为世界上最大的经济体，对自身地位和全球影响力的要求会更高，而美国也无意降低其在东亚地区的军事影响力。这种态度可能会导致两个大国之间的灾难性战争。乔纳森·伦申从经验性上证明，国际地位低于其应有位置（以物质水平来评估）的国家（比对自己国际地位"满意"的国家）更有可能发起军事争端。① 这一理论的政策含义显而易见："在正式升级为暴力冲突之前，冲突可以通过地位上的让步来避免。"② 伦申当时内心思考的是俄罗斯的情况③，但中国的情况也是如此。如果美国真的想避免在东亚地区的战争，就应该设法迁就并让步于中国希望建立区域正序的愿望。美国也不是没有这方面的经验，早在 20 世纪 70 年代，美国为了承认中国在东亚地区的重要地位，明智地断绝了与中国台湾的官方外交关系，美国今后应该做出更多类似的让步。

简而言之，实现全球和平最可行的道路是建立一个多极世界，其中美国和中国将作为两个区域国家的元首，这种正序关系也有利于区域中的弱国。中美两国都承认对方在其区域的领导地位，共同致力于解决大流行病、人工智能、气候变化等全

---

① Jonathan Renshon, *Fighting for Status: Hierarchy and Conflict in World Politics* (Princeton: Princeton University Press, 2017), ch.5.

② 同上，第 270 页。

③ 2022 年初开始的俄罗斯与乌克兰的军事冲突或许是这种担忧的一个体现。

人类共同面临的挑战。

也许最大的挑战是关于印度。印度的经济增长率近年来一度超过了中国，在接下来的几十年里，印度很可能在人口和全球影响力方面达到与中国大致相当的水平。[①] 那么，这两个国家如何才能合作呢？现在的情况可能看起来并不乐观。（两国在 2017 年处于一场边境战争的边缘，中国在南亚最亲密的合作伙伴是与印度不太友好的邻国巴基斯坦。）我们再一次需要引用考底利耶的洞见，即两个边界毗连的国家经常将对方视为天敌。中国和印度曾在 1962 年开战，两国至今还没有彻底解决领土争端（相比之下，中国已经与其他 12 个邻国和平解决了领土争端）。但两国在冷战期间都是不结盟运动的成员，而今天中国是印度最大的贸易伙伴，因此两国至少保持了弱互惠关系。2018 年，中国国家主席习近平建议，"共同的亚洲价值观"应该压倒两国间的地缘政治分歧，此后印度和中国的关系逐渐改善，印度已成为中国主导的亚洲基础设施投资银行（简称亚投行）的最大受益者。[②] 中印两国的历史关联也为建立更

---

① Gideon Rachman, *Easternization: Asia's Rise and America's Decline from Obama to Trump and Beyond* (New York: Other Press, 2017).

② Amy Kazmin and Ben Bland, "China and India Use Summit to Push for Improved Ties," *Financial Times*, April 28, 2018; Kiran Stacey, Simon Mundy, and Emily Feng, "India Benefits from AIIB Loans despite China Tensions," *Financial Times*, May 18, 2018. 更一般地说，中国一直在寻求与邻国建立更好的关系（至少部分）是因为美国一直在积极努力遏制中国的崛起。

强大的互惠关系以实现持久和平指明了道路。[①] 佛教和平地从印度传播到中国，以至于它在中国的影响力甚至已经远远超过其在本土的影响力。20 世纪 20 年代，诗人泰戈尔访华是当时中国知识界的大事。[②] 学习是相互的，印度也受益于中国的纸张、火药和丝绸。根据安明傅（Amitav Acharya）的说法，或许中国给印度的最盛大的礼物是保存了佛教典籍。中国和印度的翻译家在中国生活、工作，翻译和保存了佛教典籍。佛教典籍的翻译也丰富了古汉语，开拓了六朝诗歌的意境。[③] 随着印度的佛教典籍原文遗失、流落，佛教渐渐在印度消失，这些中文译本可以用于回译。[④] 就像阿拉伯人保存了古希腊的科学和哲学文献一样，中国人保存了佛教典籍，否则这些典籍就会彻底消失。

当然，中国和印度之间的一些差异需要得到尊重与理解，

---

① 我们无意让强互惠取代弱互惠：没有建立在共同的经济利益基础上的强互惠可能不是很稳定，也就是说，连弱互惠都没建立起来就谈强互惠，完全是镜花水月；如果强互惠关系给一个国家带来严峻的财务困难，那么这种所谓的强互惠关系可能不会持久（感谢张锋指出了这一点）。换句话说，国家之间最稳定的互惠形式将同时建立在强互惠和弱互惠上。

② 泰戈尔甚至进了紫禁城面见"末代皇帝"，参见庄士敦著，富强译：《紫禁城的黄昏》，译林出版社，2014 年。

③ 例如谢灵运的诗歌成就与他参与翻译和润色佛教典籍息息相关，参见王邦维：《谢灵运〈十四音训叙〉辑考》，《国学研究》，1995 年第 3 卷。修订稿载北京大学中国传统文化研究中心编：《北京大学百年国学文粹·语言文献卷》，北京大学出版社，1998 年，第 631—646 页。

④ 源自安明傅 2017 年 2 月 24 日发给贝淡宁的邮件。

比如高层政治领导人的选拔方式不同。但是，与这两个拥有数千年历史和如此灿烂多样文明的国家之间应有的相互尊重相比，这些差异显得微不足道。鉴于印度和中国过去存在很强的互惠关系，我们不禁想问，两国未来是否可能重建这种关系？再一次，我们需要求助于古代思想家的真知灼见。如果两个亚洲大国的领导人遵循阿育王的尊重和克制辞令的准则，并贯彻荀子的礼义思想以产生共通感，那么两国的外交、文化、学术和民间互动很可能会（再度）产生强烈的互惠感。设想未来世界存在着由印度和中国共同领导的亚洲区域正序，这对两国、周边较小的国家，乃至整个世界都有利。①

但是整个世界包括的不仅仅是人类，我们还需要考虑我们与动物界的关系。在接下来的一章中，我们会论证，人与动物的正序关系以非残忍的从属原则为特征，这一原则可以而且应该根据不同的动物种类和我们（人类）与它们的关系得到不同的诠释。

---

① 我们无意指向由亚洲两个人口最多的国家领导亚洲区域秩序的理想，是亚洲唯一在政治上现实的、在道义上可取的未来。我们大可想象其他情况，例如中俄结成安全联盟或美中两国在太平洋海上通道联合巡逻，这也会使周围的小国受益。

厩焚。子退朝，曰："伤人乎？"不问马。

——《论语·乡党》

我们大部分时间都在思考对他人应尽的义务，新闻媒体报道更多的也是人对人所犯下的罪行，而很少特别关注动物。2019 年 9 月，澳大利亚爆发森林大火，在这场持续了将近 7 个月的大火中，超过 10 亿只动物失去了生命[①]，这个数字大概过于触目惊心，以至于在主流媒体和新媒体中掀起了一轮关于动物保护的讨论。我们生活在自然世界中，和不同类型的动物打交道，动物丰富了我们的生活。试想一个没有动物的世界：家里没有宠物，天空中没有飞鸟，海里没有游鱼，在赞比亚不再有狩猎之旅。尽管在没有动物的情况下，人类可以维持生命，但是只要想一想这种情况就令人沮丧！因此，我们需要探讨人

---

① "More than one billion animals killed in Australian bushfires, " The University of Sydney. [2020-02-07] https://www.sydney.edu.au/news-opinion/news/2020/01/08/australian-bushfires-more-than-one-billion-animals-impacted.html.

与动物之间恰当的关系。

西方社会的传统观念认为，人类是万物的灵长，处于道德等级的顶端，具有支配动物的权力。但是这种观念最近越来越被人们所排斥。许多当代思想家开始捍卫动物与人类平等的原则，倡导人类平等地对待动物。在这个问题上，我们捍卫的是传统观念。

然而，肯定人类和动物之间的等级关系并不意味着人可以残忍地对待动物。在对待动物方面，我们捍卫一种非残忍的从属原则（subordination without cruelty）。但是，该原则不足以阐明我们对动物应尽的义务。我们与不同种类的动物有着不同的关系。一方面，我们对具有与人类相似的特征和为人类福祉做出最大贡献的动物负有更多的关怀义务。另一方面，非残忍的从属原则也适用于会伤害人类健康和生命的动物，哪怕是蟑螂这样令人讨厌的物种。

1. 动物和人类是平等的吗？

现代化和工业化的进程对西方社会大有裨益。马克思曾经轻蔑地评价印度乡村生活中的"愚昧"——当地印度人宁可崇拜牛和猴子也不致力于自我解放①，这或许是一种种族主义和

① Chris Brown, "Our Side? Critical Theory and International Relations," in *Critical Theory and World Politics*, ed. Richard Wyn Jones (Boulder: Lynne Rienner, 2001), pp.191–204.

欧洲中心主义的表达，但我们当中没有多少人愿意回到赤贫的过去面对低下的生产力、有限的视野和室外厕所①。然而，现代化的另一面——尤其在它向世界各地蔓延的同时——给动物界带来了巨大的损失。自20世纪60年代以来，全球人口翻了一番，而野生动物的数量下降了三分之二以上。每年有超过560亿的动物（这还不包括水生动物）被宰杀以作为食物，并且肉类产量有望在2050年之前再翻一番。② 对此，马克思可能会批判资本主义对利润的不懈追求是以破坏动物栖息地和损害动物的利益为代价的，而这仅仅是为了满足人类无尽的欲望。如果公司为了卖商品给贪婪的人而需要牺牲牛和猴子，这就是资本主义的代价。

然而，由于大多数信奉印度教的人都认为牛是神圣的，即使在印度的现代化地区，牛也在很大程度上得以幸免。因此，资本主义本身不足以解释近几十年来世界上动物的灭绝。在经济领域，人们对动物福利的关注远远不足，这多半是因为一些文化和宗教观念支持和加强了一种观念：动物仅仅是人类获得福祉的工具。在西方社会，基督教可以说是意识形态的重要源头之一。基督教官方教义认为动物不具有灵魂，并强调了《旧

① 印度便是如此：电影《厕所英雄》（根据真实故事改编）讲述了一个鼓舞人心的故事，它将女性解放与拥有室内厕所的权利联系起来。

② Sue Donaldson and Will Kymlicka, *Zoopolis: A Political Theory of Animal Rights* (Oxford: Oxford University Press, 2011), p.2.

约》所赋予的人类统治动物界的权力。动物的命运在17世纪随着著名科学革命和机械论自然观的先驱笛卡儿提出"动物是机器"理论而恶化。动物仅仅为人类的利益而存在，而且除此之外，没有任何感觉：

> 动物仅仅是机器，是自动机。它们既不会感到愉悦，也不会感到痛苦。尽管它们在我们用刀剖开它们时会发出哭声，也会扭动着避免与热熨斗接触，但这并不意味着它们真的会感到疼痛。它们与时钟受制于相同法则的支配，如果它们的动作比时钟更复杂，那是因为时钟是人类制造的机器，而动物则是由上帝制造的无限复杂的机器。[①]

这种错误的观点为那些以追求科学真理的名义而展开的无法想象的残忍行径提供了理由。正如加里·弗兰乔内解释的那样，"笛卡儿和他的追随者进行了一系列实验，他们将动物的爪子钉在板上，然后将它们切开以露出它们跳动的心脏。他们以各种可能的方式焚烧、烫伤和肢解动物。当动物感到疼痛而挣扎时，笛卡儿认为这种反应与机器运行不正常时的声音没有什么不同。笛卡儿坚持说，哭泣的狗和因为缺油而发出呜呜咽

[①] 引自 Matthieu Ricard, *Plaidoyer pour les animaux: Vers une bienveillance pour tous* (Paris: Allary Editions, 2014), p.27。

咽声音的齿轮没有什么不同"①。

毫无疑问，很多人反对这种残酷的机械论观点。几十年后，伏尔泰对这种做法表示愤慨："野蛮人抓住了那只狗，它在任何方面都比人更像个朋友。他们将它钉在桌子上，活活将它解剖以展示其血管脉络。您会发现在它体内有着和您一样的感觉器官。机械师，请听我说，难道大自然给予那只动物全部的感觉器官，却让它没有任何感觉？难道它拥有神经才这么无动于衷？"②这种争论在19世纪爆发。法国伟大的生理学家克罗德·贝尔纳声称，完全无视麻醉动物的凄惨和痛苦是科学家的正确态度，然而就在他的妻子和女儿回到家发现他活体解剖了他们家养的狗之后，她们在欧洲建立了第一个反活体解剖协会。③动物福利的支持者质疑那些支持残忍对待动物的宗教和世俗观念。最有名的是功利主义思想家边沁，他认为我们不该把物种壁垒看得那么死板，而应该像对待道德共同体内部成员那样对待所有生物。就像法国人在其殖民地废除奴隶制一样，"可能会有这么一天，其他动物可以获得它们被暴虐统治者剥夺的那些权利。法国人业已发现，黑皮肤不是遗弃一个人且不纠正暴

① Gary Francione, *Introduction to Animals Rights: Your Child or the Dog?* (Philadelphia: Temple University Press, 2010).

② Matthieu Ricard, *Plaidoyer pour les animaux*: *Vers une bienveillance pour tous* (Paris: Allary Editions, 2014), p.27.

③ Mary Midgley, *Animals and Why They Matter* (Athens: The University of Georgia Press, 1983), p.28.

虐者滥施折磨的理由。或许有一天人们终将认识到，腿的数目、体毛的疏密或者有无尾巴，同样不足以成为他们抛弃一个动物使其陷于同样命运的理由。还有什么理由可以划分这条不可逾越的界限呢？是理智能力还是话语能力？一匹成年的马或一条成年的狗比一个出生一天、一周，甚至一个月的婴儿更有理性并且好沟通得多。退一万步说，如果动物不具备这些能力，我们就能折磨它们了吗？关键不在于'动物有理性吗？'或者'动物可以沟通吗？'，而在于'动物能感受到痛苦吗？'"①。

　　当代功利主义思想家彼得·辛格详细阐述了边沁对动物解放理论的洞见："所有动物都（与人类）平等。"……"在考虑生命个体的利益时，不管这些利益是些什么，按平等原则必须把基本要素扩大到所有的生命个体，无论是黑人或白人，男人或女人，还是人或非人类动物"，"感受痛苦和快乐的能力是拥有任何利益的先决条件"，因此"如果一个生命个体受了苦，没有任何道德理由能够让人拒绝认真对待这一苦难。无论这一生命个体是什么，平等原则都要求人们同等地对待这一苦难，就像对待其他生命个体的苦难一样——就目前所能进行的粗略比较而言"。②

　　辛格的理论产生了巨大的影响——他的著作《动物解放》

---

① Peter Singer, *Animal Liberation*, 40th anniversary edition (New York: Open Road, 2016), p.45.
② 同上，第28页，第34页，第37页，第38页。

（*Animal Liberation*）的销量早已超出 50 万册，业已成为动物解放运动的圣经——但也激起了极大的争议，因为他否认了神圣不可侵犯的人权的价值。他的动物与人类平等的观点，再加上功利主义的箴言，即任何行为或政策只要可以最大限度地为大多数人提高幸福感并减少痛苦就是合理的，似乎给人以理由杀死处于持续性植物状态的婴儿或处于阿尔茨海默病等退行性疾病晚期的老人，如果它能促进整个人类和动物界的幸福并减少痛苦的话。辛格确实承认，高等生命体，即具有理性或自我意识的"人"的生命比只有感觉的生命体更重要，这意味着如果一个孩子和一只狗同时掉到水里，而我们只能救出一个，我们就有道德义务去救这个孩子。但对辛格来说，并不是所有的人都算"人"，有些就不算。与新生的人类婴儿相比，成年黑猩猩可以表现出更多的自我意识，更有"人格"。因此，如果在一个严重残疾的新生孤儿和一只拥有复杂家庭和社会关系的成年黑猩猩之间，我们只能拯救一个，那么辛格会认为我们有义务救这只黑猩猩："因此，杀害他们［婴儿］，不能等同于杀害正常人类或任何其他具有自我意识的生命个体。没有任何一个婴儿——无论是否残疾——具有对生命权力的强烈要求，将自己视为随着时间的推移而存在的独特实体。"[1] 这些观

---

① Kevin Toolis, "The Most Dangerous Man in the World," *Guardian*, November 6, 1999, https://www.theguardian.com/lifeandstyle/1999/nov/06/weekend.kevintoolis.

点与现代社会中（大多数）人的道德直觉发生了根本冲突。杀婴在古希腊可能很常见，但在今天根本无法令人接受，更何况先进的医疗服务可以治愈（或者至少是改善）婴儿的某些残疾。而且，我们可以成长为拥有丰富社会关系的人：我们不仅仅是"现成的人"（human beings），更是"生成中的人"（human becomings）。[1] 辛格是在以一种奇怪的静态观点，理解什么才是拥有充实丰盈人生的人。也许更令人惊讶的是，辛格的功利主义理论也不利于数十亿只由工业化养殖场饲养和宰杀以供人类食用的动物的利益。1975—2000 年，圈养动物的数量从 80 亿只增加到 170 亿只。正如伦理学家托尔比约恩·坦舍解释的那样，"对这一事实的可能解释是其间有因果关系：我们养殖更多的动物是因为我们吃它们，而吃它们的人越来越多"。如果我们为圈养的动物提供良好的生存条件，以非残忍的方式宰杀它们，它们总的来说过着值得体验的生活，那么从完全享乐的功利主义的观点来看，我们养殖和食用这些动物是很正常的事。[2] 功利主义者与动物福利捍卫者的观点总是针锋相对。

为了反驳那些因为更大的利益而牺牲特定动物的利益的观

---

[1] Roger T. Ames, "Achieving Personal Identity in Confucian Role Ethics: Tang Junyi on Human Nature as Conduct," *Oriens Extremus* 49 (2010): 143–166.

[2] Thorbjorn Tannsjo, "It's Getting Better All the Time," excerpted in *Food, Ethics, and Society: An Introductory Text with Readings*, eds. Anne Barnhill, Mark Budolfson, and Tyler Doggett (New York and Oxford: Oxford University Press, 2017), pp.364–365.

点，休·唐纳森和威尔·金里卡提出了一种基于基本权利的动物权利理论。动物和人类一样，应该拥有一些不可侵犯的权利。人们不能对动物个体做某些事情，比如虐待、杀害、监禁动物，将其用于医学实验，使其与家人分离等，不管这些事对人类、大多数动物或生态系统有什么好处。这种以权利为基础的方式是用以支撑人权理论的道德平等概念的自然延伸，只不过是延伸到了动物身上。① 然而，值得一问的是，动物是否真的像人类一样拥有不可侵犯的权利？如果是的话，当动物的基本权利受到侵犯时，我们就应该和人类的基本权利受到侵犯时同样感到愤慨。诚然，一些人权捍卫者写道，当动物的基本权利受到侵犯时，他们似乎也感受到了同样的愤怒。例如，唐纳森和金里卡将最初驯化动物的过程比作"从非洲进口奴隶"。② 还有人将当代社会对待动物的态度，与二战中的纳粹大屠杀相提并论。③ 无论这些比较的有效性如何，如果动物与人类被奴役、屠杀时，人们对此产生同样的愤慨，那就有点奇怪了。面对悲痛欲绝的受害者，我们或许会安慰他们事情本来可能会更糟。试想我们试图安慰那些大屠杀遇难者的亲属，说还有更糟糕的事情在发

---

① Sue Donaldson and Will Kymlicka, *Zooplis: A Political Theory of Animal Rights* (Oxford: Oxford University Press, 2011), ch.2.

② 同上，第 74 页。

③ Charles Patterson, *Eternal Treblinka: Our Treatment of Animals and the Holocaust* (New York: Lantern Books, 2002).

生——每年有数百万只鸡被宰杀以供人食用，这即使不算不道德，也实在是麻木不仁到令人震惊。

当然我们承认，当动物和人类的基本权利受到侵犯时，动物权利的捍卫者确实感受到了同样的愤怒。如果人和动物拥有平等的权利，那么动物权利倡导者也应该申言，侵犯动物权利的人，就像侵犯了人类权利的人一样，他们应该受到同样的惩罚。雷蒙德·盖塔说，他从来没有遇到过那种真的相信屠宰动物等同于杀人的动物权利活动家。[①] 唐纳森和金里卡主张采取一整套激进的补救措施和政策来保护动物的权利，但他们并没有呼吁对食肉者或杀死昆虫的人处以终身监禁。他们声称，将动物权利与人权语言更直接地联系起来会更公正，在政治上也更有效。但如果他们由此得出逻辑上的结论，则既不公正，在政治上也谈不上有效。这并不是说使用权利语言来为动物福利辩护是没有意义的，但是纠结于论证动物和人类享有平等的权利肯定没有意义。换句话说，在某些基本层面上，甚至连动物权利活动家也同意，人和动物之间在道德关怀上存在等级之分，而人类处于这个等级的顶端。

这些论点不仅仅是理论上的。在最近的一个案例中，人们认为有必要杀死辛辛那提动物园中一只名为哈兰贝（Harambe）

---

① Raimond Gaita, *The Philosopher's Dog* (New York: Routledge, 2016).

的大猩猩，以拯救一个爬进围栏的孩子。用装有镇静剂的枪射击哈兰贝风险太大，因为药物不会立即见效，而且在大猩猩镇静之前，这种行为可能会激怒它。彼得·辛格和卡伦·道恩写道："作为动物（权利）倡导者，我们不会自动认为男孩的生命比其他灵长类动物的生命重要得多，我们可能倾向于为了挽救哈兰贝的生命而冒险使用镇静剂。"但就连他们也承认，"我们这样说倒是容易，毕竟被400磅的大猩猩拽着的不是我们自己的小孩，所以我们并不急于指责动物园管理员的选择"[1]。

人们很容易争辩，这种极不寻常的案例对于日常生活中人们应该怎样对待动物没什么参考价值，但政策制定者往往需要决定是否应该更重视人的生命而不是动物的生命，比如人工智能自动驾驶汽车是否应该被编程为即使危及司机的生命也要保护动物的安全。正如佛教哲学家兼动物保护倡导者马修·理查德所承认的那样，我们使用的几乎所有药物都已在动物身上进行过试验[2]，那么科学家们是否应该被迫停止所有的动物实验？政府应该立法禁止屠杀携带传染疾病的动物吗？在最近的一个案例中，澳大利亚科学家成功地消灭了80%以上传播登

---

[1] Peter Singer and Karen Dawn, "Harambe the Gorilla Dies, Meat Eaters Grieve," *Los Angeles Times*, June 5, 2016, http://www.latimes.com/opinion/op-ed/la-oe-singer-dawn-harambe-death-zoo-20160605-snap-story.html.

[2] Matthieu Ricard, *Plaidoyer pour les animaux: Vers une bienveillance pour tous* (Paris: Allary Editions, 2014), pp.197–198.

革热和寨卡病毒等致命病毒的蚊子。① 在这些情况下，动物保护倡导者如果认真对待他们的权利言论，就应该提议指控这些科学家犯有谋杀罪：这听起来简直匪夷所思。

于是，我们又回到传统的基督教观点：恐怕有必要肯定人和动物之间的道德等级，在人和动物都处在危机的情况下，人是优先的。事实上，这并不是基督教独有的观念。《论语》就记载了孔子"问人不问马"的著名故事。"厩焚，子退朝，曰：'伤人乎？'不问马。"（《论语·乡党》）显然，孔子重视人的生命胜过动物的生命，但这个故事不代表孔子轻贱动物的生命。正如伟大的宋代儒学家朱熹所说，"非不爱马，然恐伤人之意多，故未暇问。盖贵人贱畜，理当如此"②。这不是因为孔子不爱马，而是他对人类的关心在这个瞬间超越了一切关注，无暇去问别的，因为人比动物更珍贵。这并不意味着孔子对动物的生命无动于衷。与孔子有关的另一著名事件是"西狩获麟"。鲁哀公十四年，鲁哀公在鲁国西部狩猎，叔孙氏的家臣鉏商捕获了一头怪兽，只有孔子认得这是一只麒麟，孔子公开为一只被俘而死的麒麟哭泣和哀悼，"反袂拭面，涕沾袍"③。而孔子作《春

① Jessie Yeung, "Australian Experiment Wipes Out over 80 Percent of Disease-Carrying Mosquitoes," *CNN*, July 10, 2018.
② 朱熹：《四书章句集注》，中华书局，1983 年，第 121 页。
③ 刘尚慈译注：《春秋公羊传译注》，中华书局，2010 年，第 650 页。麒麟在中国和其他东亚文化中被视为一种神话生物，它随着圣人或杰出统治者的到来或逝去而出现。

秋》也到此搁笔，两年后便去世了。

在中国的语境中，道家可以被视为一个特例：动物被视为道的（平等）化身，甚至被视为人类的潜在老师。[①] 与动物权利运动者的素食倡导比起来，道教并不倡导普遍意义上的素食主义。在中国民间信仰中，有神通的动物（未必有美德）有时被崇拜为比人类层次更高的神，能够帮助人实现贪婪的愿望，同时它们也善于害人、惑人，带给人灾难。佛、菩萨、神仙、娘娘都是美德的象征，享受当地民众公开的崇拜，所以向他们祈福都需要出于道德的理由。相形之下，动物神则没有那么崇高，更容易为普通民众所接近，而且人们往往出于不那么光彩的私心前去许愿，奉上贡品后向神灵索要金钱财宝或美丽的妻子。不过，动物神的形象比较复杂，它们也经常出现在很多对抗不公正等级的故事里。例如，民间传说中有动物神批评无德的官员、懒惰的书生、虐待孩子的父母，以及不孝顺的儿女；还有一些不敢公开拒绝包办婚姻的年轻女性，会假装被动物神附体，这样她们就有充分理由安全地逃离不想要的婚姻。[②]

人类的想象总是以自身为标准，无论是神仙还是动物神，都是高度拟人化的，且具有地方性。一个经典的传说是狐仙不

---

① 参见 Louis Komjathy, "Animals and Daoism," *Encyclopaedia Britannica*, September 11, 2011, http://advocacy.britannica.com/blog/advocacy/2011/09/daoism-and-animals/。

② （美）康笑菲著，姚政志译：《说狐》，浙江大学出版社，2011年。

过长江，是属于北方的动物神。正如玛丽·米奇利所说，"一个人对自身物种的自然偏好确实存在。它不像种族偏见那样，是文化的产物。它存在于所有人类文化里，在真正的竞争中，它往往表现得非常强势"[1]。

不过，我们还是可以问"物种歧视"是否可取。父权制在过去几乎是一种普遍的社会现象，但现代社会中的进步人士拒绝接受男性可以而且应该支配女性的观点。类似地，人对动物的宰制可能是令人反感的，即使这种情况很普遍。例如，弗雷德·贝斯特霍恩反对区分"较高"和"较低"生命形式的价值等级，因为它"为某些物种被优待提供了理由，而另一些物种则可能被忽视，或者，就昆虫而言，可能会被灭绝"[2]。他建议，即使是昆虫，也应该得到平等对待。但人对动物的宰制并不意味着人对动物的漠不关心是正当的，更不用说消灭动物了。在某些冲突中，将人的生命置于动物生命之上的伦理传统也并不要求我们为虐待动物辩护。事实上，认为人命总是比动物的生命更珍贵的儒家并不支持虐待动物。尽管在存在冲突的情况下，我们对动物的同情心或许比对人类的同情心要少，但我们

① Mary Midgley, *Animals and Why They Matter* (Athens: The University of Georgia Press, 1983), p.104.

② Fred H. Besthorn, "Deep Ecological 'Insectification': Integrating Small Friends with Social Work," in *Animals in Social Work: Why and How They Matter*, ed. Thomas Ryan (Houndsmills: Palgrave Macmillan, 2014), pp.3–17.

仍然需要将这同情心向所有的生物推展开去（更多细节见本章第三节）。儒家常把放纵的"野蛮人"比作野兽，正如"野蛮人"可以通过道德教育来教化一样，儒家圣人也可以通过音乐来驯服野兽。[1] 原则上，野兽和未受过教育的人一样，可以通过受教育变得不那么咄咄逼人而更通人性，所以我们对它们负有道德上的义务。佛教的"六道"则是一种宇宙论角度的等级秩序——有情众生根据前世积累的业力转世，福报较少的人将转世为动物而不是人。更确切地说，有情众生可以进入"六道"中的一道转世，这取决于前世积累的业力："三善道"为天、人、阿修罗；"三恶道"为畜生、饿鬼、地狱。[2] 显然，人类比动物处于更高的地位。众生都有相同的佛性，佛教徒强烈要求慈悲为怀，反对虐待动物。传统的佛教故事，如著名的"舍身饲虎""割肉喂鹰"表明，具有最高同情心的人类可能准备牺牲自己的生命来拯救动物的生命。

简而言之，关键问题不在于人类之间存在一种特殊的物种纽带，而是这种纽带何时会转化为对动物的残忍行为。人类有义务避免虐待动物，这既是因为动物会受苦，也是因为那些残忍对待动物的人更有可能残忍地对待人类。也就是说，避免残

---

[1] Reol Strerckx, *The Animal and the Daemon in Early China* (Albany: State University of New York Press, 2002), pp.123–163.

[2] Robert E. Buswell, *Encyclopedia of Buddhism,* vol. 2 (New York: Macmillan Library Reference, 2003), pp.711–712.

忍地对待动物仅仅是底线，我们可能对一些动物负有更积极的义务。宠物主人不应该对一只渴望得到他关注和喜爱的宠物狗漠不关心，尽管他并非有意表现残忍。我们将从唐纳森和金里卡的动物权利理论中寻找灵感。一方面我们拒绝接受他们的观点，即人和动物享有消极意义上的平等权利（不被杀害、折磨、囚禁等）。我们认为，人和动物之间是有道德等级的，如果是有关生与死的问题，人类应该优先。但另一方面，我们接受他们的意见，即我们需要具体说明我们对动物应尽的积极义务，例如尊重动物的栖息地，在设计我们的道路和建筑物时考虑到相关动物的需要，以及照顾那些依赖我们的动物。这些积极的关系性义务产生于我们和动物的特定关系，我们对不同种类的动物负有不同的义务。就像我们对同胞的义务（例如，加拿大给公民提供免费医疗）不同于对游客的义务一样，我们对家养宠物的义务也不同于对不请自来的地下室老鼠的义务。或许我们可以设想一个基于积极义务的等级，对于依赖我们的动物，我们更有义务去关爱它们。接下来我们来谈谈为什么应该珍视宠物，以及这种关爱意味着怎样特殊的义务。

2. 家养动物：服从与关爱

显而易见，我们对不同种类的动物负有不同的义务。对具有类似人类特征的动物，即具有如智力、同理心、自我意识，以及意识到自己是具有过去和未来的独特实体的动物，如黑猩猩和大猩猩，我们负有更多的义务。[1] 如果我们必须在动物身上测试一种有望治愈人类疾病的新药的疗效，那么显然我们应该选择一只老鼠，而不是一只类人猿。与我们生活在一起的宠物即使不如类人猿那么聪明、那么像人类，我们也需要更多地关爱它们。为什么我们必须更关爱宠物呢？狼和狗一样聪明，且有感受痛苦的能力，为什么我们更关爱宠物狗而不是狼？

唐纳森和金里卡运用公民语言证明，我们对参与我们社会生活的动物负有额外的积极义务。我们对其他公民负有特殊的义务，因为我们应该尊重人所具有的形成道德意义上的依恋和关系的能力，这其中包括对特定共同体的依恋。因此，公民之间的关系比公民和非公民之间的关系更牢固：例如，公民（而不是游客）的利益才是修建更多的地铁和住宅之类的基础设施的道德依据。唐纳森和金里卡认为，公民逻辑同样地适用于人类和动物，且同样具有说服力。动物和人一样，都有一定程度的"践行力"（agency）；它们有自己的喜好，如果觉得不开心，它们也可以"用脚投票"。[2] 与人类相似，与我们生活在一起

---

[1] 参见 Ferris Jabr, "The Person in the Ape," *Lapham's Quarterly*, https://www.laphamsquarterly.org/states-mind/person-ape。

[2] 最近的一项研究表明，博茨瓦纳的野狗会通过打喷嚏的方式来"投票"决定是否进行集体迁移，"票数"越多，表示越有可能迁移。Paul Seabright, "De la démocratie chez les chiens sauvages," *Le Monde*, May 27–28, 2018.

的家养动物最好被视为我们政治共同体中平等的公民同伴（co-citizen），它们的利益在决定我们的集体利益方面起着至关重要的作用。一些动物（比如花园中的松鼠，偶尔落在我们窗台上的鸽子）应该被视为临时访客或非公民居民，相当于来访的游客；另一些动物（比如狼以及其他野生动物）应该被视为它们自己政治共同体的居民，我们应该尊重其主权和领土，就像我们尊重其他国家的公民一样。虽然家养动物因为缺乏话语能力和理性思考能力而不能积极地行使民主的自我践行力，但它们可以被比作儿童或者智力发育不完全的成年人，在我们考虑共同体的公共利益时也需要考虑到它们的利益。具体而言，根据唐纳森和金里卡的说法，这意味着在政治进程中我们可以而且应该任命代表来代表家养动物的利益，旨在确保我们尊重动物作为公民同伴的基本权利：它们应该有行动自由（例如，狗应该有权进入餐馆，就像在法国那样）；它们应该减少劳动（例如，狗应该有更多的自由时间玩耍）；它们应该有平等的医疗权（例如有某种形式的动物保险）；它们应该有成家的权利（我们不应该把新生幼崽从它们父母身边带走）；它们应该有权居住在自己的领地上，不应该在未经同意的情况下被转移（它们自己要离家出走是可以的，但不能强迫它们走）；它们不应该受到殴打；它们应该有性权利（不能做绝育）；对故意杀害家养动物的惩罚应该与对杀害人类的惩罚相同。但是，把家养动物看作"政治共同体的正式公民……拥有共同体成员的全部利益和责任",意义何在？猫、狗和兔子等动物真的能够和公民一样享有同样的权利吗？接下来我们分享一点自己的故事。

猫咪喆喆

2020 年 3 月下旬,中国的新冠肺炎疫情刚刚有所缓解,我们终于可以出门吃晚饭了。在复旦大学附近有一家猫咖(猫咪咖啡馆),我们经常吃完晚饭就站在橱窗前看那些可爱的猫咪幼崽。那家店还有两条很大很漂亮的阿拉斯加犬和几只成年的猫,它们之间的打闹也很有趣。因为疫情,我们好久没有再路过那家店,那是我们时隔几个月第一次回去看这些可爱的猫咪。那天,其他的小猫都在争抢食物、埋头苦吃,有一只美国短毛猫咪幼崽一直盯着我们,黄绿色的眼睛满是好奇,我们走进店里想看一看这只小猫。店员把它抱出来递给贝淡宁的时候,它白白的小爪子一抓住他的毛衣就不松开了,还发出娇柔的"喵喵"声。我们一下子就被这只小精灵的可爱劲儿冲昏了头脑,当天晚上就把它带回了家。我们一个亲近的朋友给这只小猫咪取名喆喆,这个名字同时包含哲学和吉利的意思。

喆喆到了家里毫不惧怕,当晚就把我们的公寓逛了个遍,兴奋得满屋子上蹿下跳,吃了我们喂的猫粮,也喝了水。它没有出现应激反应,能吃能睡。我们以为这样就没有问题了。谁知喆喆到家后的第三天就开始眼睛红肿,耳朵痒,还一直打喷嚏。我们一开始以为它只是感冒了，后来去医院体检发现它不仅患有耳螨、结膜炎，还肠胃菌群失调、髋关节发育不良，更感染了杯状病毒和猫癣。医生告诉我们，这种猫咖里的猫虽然品相漂亮，但是健康状态都很差。一方面，猫咖的生存环境恶劣，三四只小猫挤在一个小小的空间进食和排泄，各种疾病相互传染。另一方面，这些小猫的来源很可疑，大部分是媒体经常曝光的"后院猫"。猫贩子在卫生条件极差的环境中无节制地繁殖品种猫，又不愿意给猫打常规疫苗和驱虫，导致猫的健康状态极差。杂交的流浪猫有着非常强大的健康基因，能适应户外恶劣的条件，而通过近亲繁殖的品种猫多数有基因缺陷。就像近亲繁殖的人类一样，近亲繁殖的猫很有可能会出现遗传疾病，如畸形、智力残障等。先天的基因缺陷加上后天的传染病，决定了猫咖里的猫不仅健康状况差，而且成活率低。另外，小猫一般至少需要四个月才能出窝离开猫妈妈，因为小猫需要跟随猫妈妈和兄弟姐妹学习生存和社交习惯。四个月大的猫也有足够的时间做驱虫和打疫苗，健康状态更为稳定。但是猫咖贩卖的猫最小才一个多月，这么小就离开了猫妈妈，又在极差的环境中成长，它们的死亡率自然就很高。我们也回去看望过几次之前和喆喆关在一个笼子里的另外两只美国短毛小猫，它们的眼睛、鼻子和嘴巴附近都已经患有严重的炎症，和喆喆的杯状病毒症状一模一样，之后我们再一次去的时候，那两只小猫已经不见了。猫咖里有几十只猫，养大的寥寥无几，死去的小猫算是自然耗损，因为店家只要卖出一只就赚回了一窝的成本。店主在网络上也承认自己为了控制成本无法给每只小猫治病，但又口口声声说自己问心无愧。我们困惑的是，为什么经营一家拥有几十只猫的猫咖的人会没有关于养育猫咪幼崽的基本常识。况且，既然照顾猫咪的能力有限，知道有些猫养在店里容易死亡，那为什么要抱这么多小猫出来卖呢？

我们持续观察了几个月网络上关于这家猫咖的评论，看到了很多人像我们一样全心全意看护病弱的幼猫，但仍旧有很多小猫的病已经超出了现代医学所能挽救的范围。照顾幼猫不仅仅费钱，更费心力。幼猫稍有不慎就容易死亡，而带回家的猫已经和我们产生了很深的情感联结，面对宠物的死，很少有人能够轻易释怀。我们发现尽管店家不断地删除差评，但总有那些买到了携带猫瘟、猫传腹等重大疾病的幼猫的客人在发表愤怒的控诉。我们也看到了店家拒绝任何售后服务的恶劣态度和指天指地咒骂客人和宠物医生的粗鄙言语。我们非常后悔没有早一点做调查，如果我们早知道猫咖卖猫涉及虐待与剥削猫，我们绝不会在猫咖买小猫，而是会选择领养。

喆喆在我们的看护和医生的帮助下终于慢慢健康了起来，体重从不到两斤长到了七斤。喆喆对我们也有了特别的依恋，每天早上起来都会用毛茸茸的小脑袋蹭我们，翘着高傲的大尾巴巡逻房间。我们工作的时候，它就趴在我们脚边咕噜咕噜地舔毛。我们看电视的时候，它也会趴在边上聚精会神地一起看。因为基因缺陷，喆喆先天骨骼畸形，之前痉挛过一次，把我们吓得不轻，所以我们不敢用逗猫棒让它长时间蹦来跳去，尽管它精力充沛的时候可以像个小豹子在空中旋转三百六十度。但是，我们保留了喆喆最爱的项目——捡纸球。纸球是喆喆最爱的玩具，它喜欢追着宣纸团满屋子到处跑，然后把纸球叼到桌子上或者沙发上，用期待的眼神催促我们快点把纸球再扔出去，它好展现自己"捕猎小天才"的本领。喆喆唯一受不了的是单独被关在家里。有一次我们只出门一天，以为留给它足够的食物和水就够了，谁知道等我们回来喂它的时候，它吃着吃着哭了起来，感觉特别委屈。从那之后，我们每次出远门都请邻居帮忙每天陪陪它。

喆喆可能出生没多久就被猫咖的人抱走了，我们带它回来的时候据说才两个月大，所以喆喆并没有学会猫的社会化技能。比如，猫有一项必杀绝技"扇耳光"，喆喆就不会。喆喆不怕陌生人，也不觉得世界上有坏人。家里来客人的时候，它都会好奇地凑上去闻闻，有时候也跟客人玩追纸球的游戏。喆喆刚到家里的时候不懂怎么轻轻地咬人，它表达亲昵的方式是狠狠咬对方一口。汪沛就学着猫妈妈教训小猫的样子回咬了喆喆一口，纠正了几个月后，喆喆就学会轻轻地咬人了。喆喆感染了杯状病毒且肠胃极弱，我们不给它吃猫咪吃的干粮和湿粮之外任何人类的食物，以至于它对人类食物的好奇心与日俱增。有一天，它终于发现了垃圾桶里有鸡翅或者排骨之类的美食！结果它吃着吃着就吐了。从那之后，每次它翻垃圾桶都被我们施以梳毛警告，因为它极其反感梳毛，但只要它翻一次垃圾桶，就会被我们按住梳一次毛。

可能就是因为性格大胆，喆喆对于换环境几乎没有应激反应。从猫咖转移到我们在上海的公寓，它立刻就适应了。我们因为出差把它寄养在宠物医院的单间，它也感到舒适和放松，医生和护士都喜欢它，还让它拍了一则驱虫药广告。后来我们让一个顺风车把它从上海运到青岛，开车的小哥说它在车上睡得直打呼噜。到了我们在青岛的公寓，喆喆也开心得乱跑，毫无不适的反应。

如果我们同意唐纳森和金里卡关于家养动物享有平等公民权的理论，我们就有麻烦了。积极的一面是，喆喆获得了体面的医疗服务，虽然治疗费用昂贵，而且没有保险（与中国公民的医疗保险形成对比）。消极的一面是，喆喆算是被我们终身监禁。我们在猫咖买猫，这一行为实际上鼓励了这个"带血的行业"。猫咖店主未经同意在喆喆很小的时候把它从猫妈妈身边带走，我们未经同意把同样很小的喆喆从它的两个"兄弟"身边带走。我们还未经同意把喆喆寄养在宠物医院，未经同意把喆喆从上海运到青岛。因为猫杯状病毒终身携带且容易传播，等喆喆成年了我们还要带它去绝育，喆喆不可能有媳妇和后代了。喆喆还被我们关在家里，之前杯状病毒发病的时候，它还被我们关在猫别墅里面隔离，我们限制了它的行动自由。我们也没有在政治进程中努力代表喆喆的利益。[①] 要么我们是残酷无情的人，要么唐纳森和金里卡的理论有问题。当然，我们希望读者会同意问题出在理论上。我们的确应该特别照顾家养动物，因为它们的福祉（几乎完全）依赖于我们。但是，坦率地说，认为它们应该被视为与我们一样的平等公民是荒谬的。

尽管如此，我们对猫和狗等家养动物负有特殊的照顾义务，不仅仅是因为它们的福祉依赖于我们（人类看护者），更是因为我们与它们的关系增进了人类的福祉。想想康德在 1780 年所写的关于我们与狗的关系的观点：

　　就动物而言，我们不负有直接义务。动物没有自我意识，它们的存在仅仅是达到目的的一种手段。这个目的就

---

① 不过，公平地说，至少贝淡宁在中国代表喆喆的利益是不可能的。在中国，即使是人类公民也没有平等的权利参与政治进程（这不一定不好，参见本书第二章）。但是，在代表人类公民（平等）利益的选举民主国家的立法机构中寻求代表动物的（平等）利益，也同样困难，因为没有相应的机制。家养动物在立法机构中被平等对待意味着什么？想象一下，在一个政治共同体中，猫的数量是人的两倍，根据休·唐纳森和威尔·金里卡的理论，在立法机构中，猫代表的数量应该是人类代表的两倍。

是人类。我们可以问"动物为什么存在？"，但是问"人为什么存在？"就毫无意义。因此，如果一条狗长期忠实地为主人服务，那么它的服务应该得到奖励，就像人类的服务一样，当狗老得不能再为人服务时，它的主人应该照顾它到它死为止。这样做有助于支持我们履行对人类的义务，因为这是应尽的义务……如果一个人因为他的狗不再能为人服务而射杀了它，那他并非没有尽到对狗的义务，因为狗不能评判，但他的行为是不人道的，损害了他履行对人类的义务时所应该表现出的人性……残忍对待动物的人在与人打交道时会变得很难相处。①

我们可以且应该拒绝康德关于动物的存在仅仅是人类福祉的手段的观点。②动物的存在本身就是目的，它们也会遭受痛苦，我们有义务将他们的痛苦降到最低。我们还有额外的义务来照顾那些与我们生活在一起并依赖我们的家养动物。不过，在另一个意义上我们赞成康德的观点，也就是我们不应该残忍地对待动物，因为这种残忍行为损害了施虐者的道德，而且很

① Mary Midgley, *Animals and Why They Matter* (Athens: The University of Georgia Press, 1983), p.51.
② Christine Korsgaard's critique of her "otherwise favorite philosopher" in "Getting Animals in View," in *Food, Ethics, and Society: An Introductory Text with Reading* (Oxford: Oxford University Press, 2016), pp.366–372.

可能会蔓延到整个人类世界。我们听过无数关于大规模杀人犯和连环杀手的故事，他们的残忍行为往往始于虐待动物。① 更常见的是，社会工作者会观察一个家庭对待宠物的态度，从而评估家庭内部是否可能存在虐待现象，特别是儿童有没有可能受到虐待。这不仅仅是寻找一个家庭虐待动物的证据。功能正常的家庭和功能失调的家庭饲养动物的概率相同，但有一个显著的差异：动物的年龄。正如林恩·洛尔解释的那样，"如果你走进一个家，一只 6 岁的狗懒洋洋地躺在地毯（或沙发）上，或者一只 9 岁的猫在窗户上晒太阳，那你的风险意识应该会下降——这些人足够稳定，所以可以长期养育这些动物。如果你走进一个有动物幼崽的家，那你的风险意识应该会上升——这不仅是因为养育幼崽的要求更高，也因为问题家庭经常更换家里的宠物"②。如果社会工作者每次拜访同一户人家都观察到有新的幼狗和幼猫（没有年龄较大的动物），那意味着这户人家不仅虐待动物，也很可能虐待其他家庭成员。③

---

① 参见 Lynn Loar, "'How Is Fido?': What the Family's Companion Animal Can Tell you about Risk Assessment and Effective Interventions—If Only You Would Ask!," in *Animals in Social Work: Why and How They Matter* (Houndsmills: Palgrave Macmillan, 2014), p.136。亦可见 Kevin Sullivan, William Wan, and Julie Tate, "Florida Shooting Suspect Had a History of Explosive Anger, Depression, Killing Animals," *Washington Post*, February 15, 2018。

② 同上书，第 138 页。

③ 因果箭头可能是双向的：也可能是因为一个人对其他人很刻薄，所以对待动物的时候也很难有爱心。

问题不仅仅在于避免残忍。对同伴动物的爱护也可以促进人类世界中的友爱等美德。以在撒哈拉以南非洲广泛传播的被称为"乌班图"（Ubuntu）的关系伦理为例。"乌班图"的生活方式重视社会和谐胜过任何其他的价值。正如德斯蒙德·图图所说，"和谐、友善、社群是伟大的社会善。对我们而言，社会和谐是至善——最大的财富。我们会像避开瘟疫那样避开破坏这种至善的任何东西"①。为了过上道德高尚的生活，一个人首先应该拥有丰富而健康的社会关系。友爱是促进社会和谐的重要因素，这意味着具有最大能力促进友爱的动物应具有比其他动物更高的道德地位。②狗对于人类充满友爱与忠诚，因此它们应该比蛇等动物具有更高的道德价值。③40%的人在道德冲突的情况下很可能会先救他们的爱犬而不是陌生的外国游客。④但作为一项政策问题，在发生道德冲突的情况下当然应该优先（例如，对于消防员而言）救助人类（包括外国游客）而不是狗。同样，人与狗之间的友爱也存在一些限制。狗具有特殊的

---

① Daniel A. Bell and Thaddeus Metz, "Confucianism and Ubuntu: Reflections on a Dialogue between Chinese and African Traditions," *Journal of Chinese Philosophy* 38.S1 (2011): 88.

② 我们借用了科代罗·罗德里格斯（Cordeiro Rodrigues）2018 年 6 月 21 日在中山大学（珠海）演讲时发表的洞见。

③ 狗是人类最早驯化的动物之一，或许这篇文章有助于解释为什么狗成为人类"最好的朋友"：Brian Fagan, "Nous ne serons jamais tous vegetariens," *Le Figaro*, April 9, 2017。

④ Nicholas Kristof, "Choosing Animals Over People?," *New York Times,* April 7, 2018.

价值，不仅因为人和狗之间的友爱，也因为人可以学会将这种友爱扩展到其他人。但是人与狗的友爱不应该取代人与人之间的友爱，以至于成年人更爱宠物而不是他们自己的家人与朋友。健康的友爱并不是排他性的，爱动物如果爱到"反人类"的地步，就失去了这种友爱的道德价值。

从人类的角度来看，重视家养动物的另一个原因是，它们可以促进整个社会对正义的关注。更确切地说，宠物可以鼓励社会分配更利于政治共同体中的弱势群体和边缘成员。① 在这里，我们可以引用伊莱恩·斯凯瑞的观点，即对美的关注引发了对正义的关注。② 斯凯瑞的《美与公正》一书——也许是当代英语世界政治理论中文风最美的一部著作——为她的观点提出了几个论证。首先，美唯一经久不衰的属性——对称性，在分配正义和公平中也很关键，体现为"每个人之间相互关系的对等"。美的对称性引导我们，或帮助我们探索正义领域中的对称性。其次，"天空的对称、平等、自我同一性（self-sameness）是展现给感官的，而公正社会的对称、平等、自我同一性则不是"。我们通过感官来体会美的对称和平等，我们

---

① 约翰·罗尔斯就以这一观点著称，参见 John Rowls, *A Theory of Justice* (Cambridge: Harvard University Press, 2020)。早期的儒家思想家陈祖为也捍卫了类似的观点，参见 Joseph Chan, *Confucian Perfectionism* (Princeton: Princeton University Press, 2013)。

② Elaine Scarry, *On Beauty and Being Just* (Princeton: Princeton University Press, 1999), part Two.

要学着将对平等和对称的热爱推广到对更抽象的正义形式的关注上。再次，"在我们看到美好事物的那一刻，我们经历了一次彻底的去自我中心化"，即我们不再站在自我世界的中心，这种态度也有助于我们关注和帮助社会贫困成员。更重要的是，我们希望一个美丽的世界能够长存于世，我们甚至希望哪怕在整个人类世界灭亡之后，美的世界还能够生机勃勃。从这个意义上说，美是纯粹无私的，不需要什么互惠性：就像我们希望世界上有正义，即使我们个人没有从更正义的分配中受益（甚至可能为此付出代价）一样，"人们希望世界上有美，即使他们自己并不从中受惠"。最后，就像那些关心正义的人有动机保护不公正的受害者并代表他们行事一样，"某些东西被认为是美丽的，这一事实与保护它或代表它行事的冲动息息相关"。斯凯瑞没有提到家养动物——她列举的美的例子包括神、鸟、植物，甚至语言——但美丽的宠物应该也能够促进人类对正义的关注。人类宠爱美丽的宠物的态度和情感也可以支撑和激励人们追求公正的社会分配以利于政治共同体中的边缘和贫困成员。

有人担心，对于美的热爱也会激起不公正。尼采认为让人值得活着的东西是"美德、艺术、音乐、舞蹈、理性、智力——某种美化的、精致的、奇妙的、神圣的东西"[1]。而致力

---

[1] Brian Leiter, "Friedrich Nietzsche: The Truth Is Terrible," *TLS Online.* [2018-07-20] https://www.the-tls.co.uk/articles/public/friedrich-nietzsche-truth-terrible/.

于享乐主义的满足和痴迷于消除一切形式的痛苦的文化会威胁到人类的这些卓越美德。如果人们致力于追求快乐、消除痛苦，那贝多芬（和尼采）这样的天才将会浪费他们的时间趋乐避苦，而非创造杰出的美的作品。我们不需要赞同尼采对于价值的看法，但很难完全拒绝他的观点，也就是对美的无拘无束的追求可能与对平等道德的关注和对苦难的同情相冲突。一个大力鼓励平等的道德和对苦难的同情的社会更有可能支持公正分配，使社会边缘成员（往往不那么美）受益；而一个非常重视美的社会，更有可能对需要我们帮助的残障人士和患病老人缺乏关怀（如果不是直接蔑视的话）。换句话说，如果我们的目的在于激发对苦难的关注，那么我们可能需要积极地退出美的世界，而不是沉迷其中。

因此，美的作用是双向的：它可以激励我们追求公正，也可以带来不公正。宠物主人对漂亮的（通常是相对昂贵的）宠物的爱不一定能拓展到对人类世界的正义的热爱。例如，宠物主人可能会花一大笔钱给心爱的狗梳理和修剪毛发，让它们看起来更对称，但他们不一定会同情人类政治共同体中的贫困和边缘成员。①

另外，拥有可爱的宠物的主人可能比拥有漂亮的宠物的主

---

① Danielle Paquette and Luna Lin, "After Making His Owner Rich, This Border Collie Gets to Live in a $500,000 Pet Mansion In Beijing," *Washington Post*, July 22, 2018.

人更契合人类世界的正义。在北京和上海，棕色的小型泰迪犬非常流行。它们似乎完全依赖于主人，年迈的老爷爷把它们放在自行车车筐里带它们兜风，年轻的女孩把它们装在名牌手袋里带它们逛街。泰迪犬看起来就像憨憨的婴儿，唤起了类似我们对脆弱和不太聪明的人所产生的关爱之情。泰迪犬又漂亮又可爱，丑陋的宠物也可以很可爱。2018年"世界上最丑的狗"比赛冠军的获得者是一只体重125磅的狗，名叫饶饶（Zsa Zsa），它"眼睛红红的，控制不住地流口水，皮肤松弛"。[1] 饶饶长得很丑，恐怕不会有人觉得它好看。但是它唤起了人们的正义感：渴望帮助那些不完美的人。关于一个普遍关注可爱宠物的社会更有可能关注贫困和脆弱的人的假设，还需要进行实证检验。然而，我们至少可以赞同，不该吃可爱的动物。委内瑞拉总统尼古拉斯·马杜罗敦促市民饲养兔子，将兔子肉作为蛋白质来源，并发起宣传活动，说服公众"兔子不是宠物，而是2.5千克的肉"。尽管这个国家面临着持续的食物短缺，但试点项目失败了，因为"人们给他们的兔子系上了小蝴蝶结，把它们当宠物养了……很多人给他们的兔子起了名字，还让它们睡在床上"[2]。人类并非没有吃肉的理由（我们将

---

[1] Sarah Mervosh, "Congratulations? Zsa Zsa, an English Bulldog, Wins the World's Ugliest Dog Contest," *New York Times*, June 24, 2018.

[2] "Venezuela's 'Plan Rabbit' Encounters 'Cultural Problem'," *BBC News*, September 14, 2017.

在下一节中讨论），只是我们有照顾宠物的特殊义务，因为它们有感受痛苦的能力，可以帮助人类最大限度地减少对同胞的残忍行为，促进人们弘扬友爱的美德，并启发人们帮助社会上的弱势群体[①]。

3. 我们可以吃动物肉吗？

喜欢吃肉的人只要稍微了解一些关于饮食伦理学的研究成果，就必然会感到沮丧。反对吃动物肉的理由非常充分。第一，这对环境不好。在美国，99% 的食用动物来自工业化农场。[②] 工业化农场里的动物需要人工喂养，随着农场动物数量增加，它们需要的食物数量也在增加，"这导致森林和其他土地变成农田。这反过来又会导致野生动物栖息地和生物多样性的减少。森林被砍伐后，能够降低大气中温室气体浓度的碳汇减少，取而代之的是温室气体的排放源——农田是净排放源"[③]。根据2006 年联合国的一份报告，"在全球范围内，所有畜牧业的温室气体排放量占所有人为温室气体排放量的 18%，超过了交

---

① 这种观点也可能适用于野生但可爱的动物，如熊猫和考拉，它们类似于人类婴儿，引发了人们照顾弱势群体的愿望。

② Jonathan Safran Foer, *Eating Animals* (London: Penguin, 2010), p.5.

③ Anne Barnhill, Mark Budolfson, and Tyler Doggett, eds., "Industrial Animal Agriculture," in *Food, Ethics, and Society: An Introductory Text with Reading* (Oxford: Oxford University Press, 2016), p.326.

通运输业的排放量"。① 第二，这对人体健康有害。50 多年来的医学研究有力地支持了传统地中海饮食对健康的好处："低卡路里的饮食包含大量新鲜水果和蔬菜、全谷物、橄榄油，动物蛋白尤其是红肉含量低，可以降低患心脏病和中风的风险，减少慢性病，使人长寿。"② 第三，对于数十亿因人类食用需求而出生、繁殖和被宰杀的动物来说，这尤其可怕。资本主义的当务之急是用最少的钱生产最多的肉，结果工业化农场里的动物几乎一直忍受着残酷的生存条件："密集的封闭环境（例如，母猪妊娠箱，蛋鸡笼）往往严格限制了动物们的活动和自然行为，例如在土地上行走或躺下，有足够的地面空间自由移动，以及猪的鼻拱行为，这增加了动物遭受严重痛苦的可能性。"③ 这种痛苦既有生理上的，也有心理上的，因为拥挤对动物来说是难以忍受的。工业化养殖往往以残忍告终。关于宰杀动物的规定极少，屠宰场里的动物在死亡前的那一刻往往惊慌失措。④

---

① "Pew Commission Says Industrial Scale Farm Animal Production Poses 'Unacceptable' Risks to Public Health, Environment," in *Food, Ethics, and Society: An Introductory Text with Reading* (Oxford: Oxford University Press, 2016), p.343.

② Paul Greenberg, "How to Get America on the Mediterranean Diet," *New York Times*, July 19, 2018. 这篇是《纽约时报》上被人用邮件转发最多的文章。

③ Anne Barnhill, Mark Budolfson, and Tyler Doggett, eds., "Industrial Animal Agriculture," in *Food, Ethics and Society: An Introductory Text with Reading* (Oxford: Oxford University Press, 2016), p.344.

④ 我们一位法国好朋友变成了素食主义者，是因为他观察到了在屠宰场行刑前牛的恐慌。

我们有义务最大限度减少对动物的残忍行为，而我们对待被宰杀的食用动物的方式，则是对这一道德义务最广泛和最系统的侵犯。

那么我们能做些什么呢？从长远来看，技术发展可能会解决这个问题。例如，3D 打印技术可以将廉价的边角料肉转化为优质的肉块。[①] 这项技术依赖于真实的肉，但它有望大幅减少工业化农场繁殖（和屠宰）动物的需求，因为有更多（再加工）的肉可以供人类消费。有些技术则有望完全消除人类饲养食用动物的需求。例如，我们也许可以食用在实验室里用干细胞培育出来的肉。这个过程并没有创造出有知觉的生命体，因此没有任何活着的动物直接受到伤害。然而，唐纳森和金里卡担心："这一发展会在尊重活着的生命体方面产生溢出效应。如果用动物干细胞而不是人的干细胞来培育'人造肉'，这不就标志着（动物与）人的尊严的一个重大差异吗？我们似乎不太可能用人类干细胞来培育供人类食用的肉，这将违反同类相食的禁忌。但如果是这样的话，吃用动物干细胞培育出的肉不也是类似的违反行为吗？"[②] 我们的回应是，这根本不是同一类违反行为，因为存在而且应该存在道德方面的等级。我们已

---

① Sue Neales, "3D Printed Meat Makes the Cut," *The Weekend Australian*, May 3, 2017.

② Sue Donaldson and Will Kymlicka, *Zoopolis: A Political Theory of Animal Rights* (Oxford: Oxford University Press, 2011), p.152.

经论证了要让人处在这一等级的顶端（见本章第一节）。我们应该在杀害动物和杀害人类之间划清道德界限。唐纳森和金里卡之所以表示担忧，是因为他们认为动物与人是完全平等的。但我们如果拒绝这一假设，就有充分的理由鼓励新技术。如果这些技术创造出"人造肉"，我们就不用在残酷的条件下饲养食用动物。

然而，我们应该认识到，在可预见的未来，人类消费的大部分肉将来自工业化农场。那么，在中短期内，如何才能最大限度地减少饲养食用动物时的残忍行为呢？首先，至少我们可以赞同，不管我们的道德和宗教体系差异如何，我们都不应该吃像大猩猩这样聪明的、有知觉的生物的肉。我们可能在道德上比动物优越，但如果我们吃在外貌、思维和行为方面与人类有许多相似之处的动物，那就几乎等同于吃人。其次，我们不应该吃家养的和可爱的动物的肉。我们有义务照顾它们，因为它们（就宠物而言）共享我们的生活，也因为它们促进了人类世界的友爱与忠诚等美德（参见本章第二节）。最后，除了这些道德底线，我们可能还需要考虑到基于不同的宗教和道德体系的饮食习惯。

现实的宗教观会激发一个人最深切的承诺，而宗教激发的道德准则最有可能激励人们养成符合道德的饮食习惯。如果说道德上的当务之急是使在残酷条件下被饲养的食用动物的痛苦降到最低，那么在这一方面一些宗教胜过另一些宗教。据估计，印度 35% 的人口是素食者，这在很大程度上是因为印度教宣扬不杀生（Ahiṃsā）。[①] 佛教也有禁止伤害或杀害任何生物的戒律，这可能解释了为什么不丹等以佛教为主的国家制定了禁止狩猎、捕鱼和限制饲养食用动物等政策。[②]

其他各大宗教没有直接（或间接）为素食主义辩护，但它们可以而且应该对此做出（重新）解释，以强调避免残忍对待食用动物的必要性。穆斯林禁食猪肉，并禁止食用被勒死或被致命一击杀死的动物，这可以理解为我们不应该残忍对待动物。犹太教也禁食猪肉，并禁止对任何生物造成痛苦，认为解除所有生物的痛苦是一种职责。基督教可能对素食主义最不友好——圣保罗甚至将素食主义与缺乏信仰联系在一起，但最近的教义诠释反对残酷地杀害供人食用的动物。教皇本笃十六世将工业化农场中的动物生产描述为"将生灵降格为商品"[③]。在一个以神性为中心的宇宙中，人类因特殊的召唤被赋予了尊严，

---

① Matthieu Ricard, *Plaidoyer pour les animaux: Vers une bienveillance pour tous* (Paris: Allary Editions, 2014), pp.36–37.

② 同上，第 45 页。话虽如此，只有 15% 左右的不丹人是素食者，动物福利倡导者在不丹面临巨大挑战。Michael Tobias and Jane Gray Morrison, "Animal Rights in Bhutan," http://www.dancingstarfoundation.org/articles_Animal_Rights_in_Bhutan.php.

③ Anne Barnhill, Mark Budolfson, and Tyler Doggett, eds., "Compassionate Eating as Care of Creation," in *Food, Ethics and Society: An Introductory Text with Reading* (Oxford: Oxford University Press, 2016), p.293.

这不仅仅意味着上帝任命的被造物的管家应该尽力避免给动物带来痛苦，甚至直接要求人必须做到这点。具体而言，这意味着少吃肉，支持集约化程度低的耕作方法，并采用更绿色的饮食习惯。①

大多数中国人并不正式信奉宗教伦理体系，其日常生活习惯深受儒家伦理影响。②儒家设定了人比动物高一等的等级关系。但这并不是一个神授的等级，而是爱有差等的理想的一种表达：我们爱我们最亲近的人，我们有义务在发生道德冲突而只能救一个人的情况下，救我们的母亲而不是陌生人。我们有义务把爱推展开去，但是我们推及得越远，爱就越少，相应的义务也越少。同理，我们与其他人类比与动物更近，因此我们对其他人类的义务比对动物的义务更多。著名的儒家思想家王阳明也有类似的表达。

问："大人与物同体，如何《大学》又说个厚薄？"

先生曰："惟是道理自有厚薄。比如身是一体，把手足捍头目，岂是偏要薄手足？其道理合如此。禽兽与草木

---

① Anne Barnhill, Mark Budolfson, and Tyler Doggett, eds., "Compassionate Eating as Care of Creation," in *Food, Ethics and Society: An Introductory Text with Reading* (Oxford: Oxford University Press, 2016), p.296.

② Anna Sun, *Confucianism as a World Religion: Contested Histories and Contemporary Realities* (Princeton: Princeton University Press, 2013).

同是爱的，把草木去养禽兽，又忍得？人与禽兽同是爱的，宰禽兽以养亲，与供祭祀，燕宾客，心又忍得？至亲与路人同是爱的，如箪食豆羹，得则生，不得则死，不能两全，宁救至亲，不救路人，心又忍得？这是道理合该如此。及至吾身与至亲，更不得分别彼此厚薄。盖以仁民爱物皆从此出，此处可忍，更无所不忍矣。"（《传习录》）[1]

换句话说，爱是有层次的：我们对动物的爱比对人类的少，但我们仍然会爱动物，尽管不那么强烈。那么在什么情况下吃动物肉在道德上是允许的呢？根据《论语》记载，孔子本人并不反对吃肉。恰恰相反，他认为吃肉是一种极大的乐趣，只是略低于听韶乐（《论语·述而》）。[2]但他也表达了对动物的关怀："子钓而不纲，弋不射宿。"（《论语·述而》）他并不反对捕鱼和狩猎本身，但他反对残忍的杀戮。因此，儒家会赞成将那些为满足人类的口腹之欲而饲养的动物的痛苦降至最低。同样重要的是，在孔子的时代，吃肉是一件罕见而特殊的事情，他提到学生们会给他带来"束脩"（《论语·述而》）。白彤东提供了关于当代食品伦理学的启示："我们（应该）像还未大规模生

---

[1] 英文引自 Bai Tongdong, *Against Political Equality: The Confucian Case* (Princeton: Princeton University Press, 2019), p.134。

[2] *The Analects of Confucius: A Philosophical Translation*, trans. Roger T. Ames and Henry Rosemont, Jr. (New York: Ballantine Books, 1998).

产肉制品的时代那样，把肉类视为稀有美食。"① 肉应该被视为（仅仅）在特殊场合才能享用的东西，就像除夕夜的香槟一样，这将大幅度减少工业化畜牧业中的残酷剥削。尽管人类仍然需要饲养一些食用动物（直到有一天我们能用动物干细胞培育出可口的肉），但这些动物可以散养在农场里，这样它们就可以过上相对不那么悲惨的生活。人类政治共同体不会完全废除对动物的剥削（因为人类仍将吃肉），但这将是一种相对人道的剥削形式。②

有人可能会问，为什么要吃肉呢？一些人，比如虔诚的印度教徒，完全不需要吃肉，那么为什么世界上其他人不能不吃肉呢？我们需要探索吃肉的理由。其中，第一个原因出自个人中心的角度。有些人真的很喜欢吃肉，要求他们从饮食中完全剔除肉会严重影响他们的幸福感，甚至可能会剥夺他们生活的意义。在拥有丰富多样的肉类烹饪传统的共同体中，肉类爱好者的比例特别高。与英国和德国相比，中国、法国和意大利的素食者（占总人口比例）要少得多，这肯定不是巧合。相比于在一个把肉（和一般食物）视为填饱肚子的必需品的社会里，在一个将吃肉视为美好生活重要组成部分的社会里，成为一名

---

① Bai Tongdong, *Against Political Equality: The Confucian Case* (Princeton: Princeton University Press, 2019), p.274.

② Roger Scruton, "Eating Our Friends," in *Food, Ethics, and Society: An Introductory Text with Reading* (Oxford: Oxford University Press, 2016), pp.391–395.

素食主义者的牺牲要大得多。第二个原因与关系有关。"乌班图"和儒家的伦理传统高度重视人与人之间的和谐关系。如果吃某种动物肉可以最大限度地促进和谐的社会关系，例如感恩节的时候家人聚在一起吃火鸡肉，那么这可能是合理的。当然，这也可能发生变化。为了仪式而宰杀动物曾经被认为是共同体纽带的重要组成部分，孔子就曾感叹过："尔爱其羊，我爱其礼。"（《论语·八佾》）今天大多数人认识到"假动物"（例如，摆放在曲阜孔庙大成殿的木制"三牲"）也可以起到同样的作用。我们可以想象，在感恩节或许可以用西蓝花替代火鸡。就中短期而言，我们应该考虑到这样一种可能性，即在这种一年一次的感恩节家庭聚会上，食用在相对人道的条件下饲养（并被宰杀）的火鸡也是可接受的。

无论怎样，吃肉有可能是正义的，在中国和美国这些人们爱吃肉的国家，呼吁大家大幅减少食肉量比彻底取消吃肉更实际。然而，哪怕只是呼吁少吃肉，也可能很难实现。在中国，总体而言，人们的食肉量在增多而不是减少。[①]也许人们并未减少对吃肉的热情（或者缺乏少吃肉的动力）的主要原因是看不见动物被剥削的残酷事实。保罗·麦卡特尼曾经说

---

① 但是中国政府近年来公布了一项计划，到 2030 年肉类消费量将减少 50%，参见 Oliver Milman and Stuart Leavenworth, "China's plan to cut meat consumption by 50% cheered by climate campaigners," *The Guardian*, June 20, 2016, https://www. theguardian.com/world/2016/jun/20/chinas-meat-consumption-climate-change。

过，如果屠宰场装的是玻璃墙，那每个人都会吃素。[1] 如果我们知道动物因为人类的口腹之欲而遭受虐待的真相，我们就会反对肉类的生产体系。其实某种程度上，我们知道真相。在法国，只有 14% 的受访者反对"人们为了吃肉而饲养动物是正常的"这一观点，而 65% 的人对"目睹动物被屠杀会困扰你吗？"的回答是肯定的。[2] 这就意味着我们知道肉类生产的一些肮脏事实，但我们选择屏蔽这些信息。正如梅拉妮·乔伊所说，"这一心态的主要原因在于精神麻木。精神麻木是一种心理过程，在这个过程中，我们在精神上和情感上与我们的经验脱节，我们'麻木'了自己"[3]。我们使用的语言也在这一过程中推波助澜。在中文中，我们通常用"它"来指代动物，而不是"他"或"她"，就好像动物是一种物品而不是一个活着的生物。英文中的这一现象更加明显，我们用"sheep"来指代牧场上看似平静的小羊，用"mutton"来指代我们吃的羊肉，就好像它们是两种不同的动物一样。[4] 在法语中，我们用"filet

---

① Melanie Joy, *Why We Love Dogs, Eat Pigs, and Wear Cows* (San Francisco: Conari Press, 2010).

② Matthieu Ricard, *Plaidoyer pour les animaux: Vers une bienveillance pour tous* (Paris: Allary Editions, 2014), p.110.

③ Melanie Joy, *Why We Love Dogs, Eat Pigs, and Wear Cows* (San Francisco: Conari Press, 2010), p.18.

④ H.-S. Afeissa and J.-B. Jeangène Vilmer, "preface," in *Philosophie animale: Différence, responsabilité, et communauté*, eds. H.-S. Afeissa and J.-B. Jeangène Vilmer (Paris: Vrin, 2015), p.10.

第四章　非残忍的从属：人与动物之间的等级　165

mignon"（菲力牛排）这样听起来很美的词来掩盖我们在吃一块从本来活着的动物身上割下来的肉的事实。[①] 中餐馆的菜单经常使用诗意的语言来指代肉类菜肴，有时用到佛教相关词汇可能会被视为亵渎神灵，例如福建菜中最著名的"佛跳墙"里有鱼翅等食材，即使是喜欢吃肉的人也可能会因为伦理而难以忍受。如果超市出售的肉都带有警告标签，劝我们不吃在残酷条件下被宰杀的动物，会使我们的习惯有所改变吗？就像在烟的包装上强制印刷"吸烟有害健康"的标语，或者有些品牌包装会印上被尼古丁染黑的肺的照片，有些人对后者产生恶心的反应就慢慢抽得少了。

那么，我们应该如何对待精神麻木呢？一种反应是接受它。孟子有句名言："君子之于禽兽也，见其生，不忍见其死；闻其声，不忍食其肉。是以君子远庖厨也。"（《孟子·梁惠王上》）但孟子（在其他方面是聪明和人道的）的这一主张有些虚伪，他认为残忍对待动物是必要的，因为人类不可避免地要吃肉，只是让人类直面动物的痛苦可能会让他们有些麻木以至于对人类的痛苦也冷漠起来。然而，现在我们对于工业化农场中的动物的痛苦并不是一无所知。我们可以而且应该减少可食用肉类的生产，这更利于环境、人类健康和动物本身。如果有人非要

---

① Matthieu Ricard, *Plaidoyer pour les animaux: Vers une bienveillance pour tous* (Paris: Allary Editions, 2014), p.64.

吃肉，最起码对动物的态度要更人道一些，尽量减少它们的痛苦。因此，政府官员和教育工作者应该鼓励每个人进入"现代厨房"——工业化动物农场，面对可怕而残酷的事实。在国家或地区层面，需要对工业化动物农场的残忍作为进行监管，政府可以给以散养为主的有机农场提供补贴①，政府资助的媒体活动也可以多加宣传以展示肉类生产的负面影响。在城市层面，或许可以推广"无肉日"：比利时的根特市树立了一个很好的榜样，他们设立了"每周无肉日"，政府官员在这一天不吃肉，并通过海报和教育活动敦促公民也这样做。②在地方层面，我们可以组织学生参观屠宰场，然后学校食堂可以烹饪这些动物肉当作午餐，同时给孩子们提供素食，看他们这一天会不会更偏好素食。

总而言之，关爱人类多于关爱动物在道德上是合理的，并且我们应该根据动物承受痛苦的能力和与人类关系的远近给予它们不同程度的道德关怀。蚊子和蟑螂等丑陋的昆虫在地球上繁殖数十亿只，并携带危害人类的病菌，应该处于等级的底部。但是，反对残忍的禁令也适用于我们最厌恶的动

---

① 不幸的是，在20世纪80年代的美国，事情变得更糟。新立法将政府对屠宰场的质量控制责任转移到工厂本身，参见 Melanie Joy, *Why We Love Dogs, Eat Pigs, and Wear Cows* (San Francisco: Conari Press, 2010), p.76。

② Matthieu Ricard, *Plaidoyer pour les animaux: Vers une bienveillance pour tous* (Paris: Allary Editions, 2014), p.84.

物。如果它们传播疾病或叮咬人，我们可能会杀死它们，但我们不能折磨它们或将它们仅仅作为自己牟利的手段。① 动物不同于那些我们为了人类福祉而设计的机器。正如我们将在第五章中看到的，不同的等级规范可以用于管理我们与机器的关系。

---

① 菲律宾的一位艺术家展示了将一只活蟑螂绑在电椅上遭受折磨的过程。参见 Connor Boyd, "Cockroach Is Executed in an Electric Chair: Artist Is Condemned for Animal Cruelty after Killing Bug That Flew into His Home," *Daily Mail*, July 5, 2018. 据说这个艺术家是想通过这一"行为艺术"来宣传反对死刑，但手段不能证明目的的正当性。

加入资本的生产过程以后，劳动资料经历了各种不同的形态变化，它的最后的形态是机器，或者更确切些说，是自动的机器体系（即机器体系；自动的机器体系不过是最完善、最适当的机器体系形式，只有它才使机器成为体系），它是由自由机，由一种自行运转的动力推动的。这种自动机是由许多机械器官和智能器官组成的，因此，工人自己只是被当作自动的机器体系的有意识的肢体……

机器无论在哪一方面都不表现为单个工人的劳动资料。机器的特征决不是像（单个工人的）劳动资料那样，在工人的活动作用于（劳动）对象方面起中介作用；相反地，工人的活动表现为：它只是在机器的运转，机器作用于原材料方面起中介

本章初稿源自贝淡宁 2018 年 5 月 29 日在剑桥大学彭布罗克学院的活动 "China Goes Global" 中的演讲。

作用——看管机器，防止它发生故障，这和对待工具的情形不一样。工人把工具当作器官，通过自己的技能和活动赋予它以灵魂，因此，掌握工具的能力取决于工人的技艺。相反，机器则代替工人而具有技能和力量，它本身就是能工巧匠，它通过在自身中发生作用的力学规律而具有自己的灵魂，它为了自身不断运转而消费煤炭、机油等等（辅助材料），就像工人消费食物一样。只限于一种单纯的抽象活动的工人活动，从一切方面来说都是由机器的运转来决定和调节的，而不是相反。科学通过机器的构造驱使那些没有生命的机器肢体有目的地作为自动机来运转，这种科学并不存在于工人的意识中，而是作为异己的力量，作为机器本身的力量，通过机器对工人发生作用。

……只要劳动资料变为固定资本，就从自己的物质方面失去了自己的直接形式，并且在物质上作为资本同工人相对立……

……资本还添加了这样一点：它采用技艺和科学的一切手段，来增加群众的剩余劳动时间，因为它的财富直接在于占有剩余劳动时间；因为它的直接目的是价值，而不是使用价值。

于是，资本就违背自己的意志，成了为社会可以自由支配的时间创造条件的工具，使整个社会的劳动时间缩减到不断下降的最低限度，从而为全体（社会成员）本身的发展腾出时间。

——卡尔·马克思《政治经济学批判》

奴隶制的罪恶罄竹难书，这是现代社会的普遍共识，任何理智健全的人都不会反对这点。人类确实需要实质自由（substantial freedom）来实现自身的目标（telos），无论他们的目标是什么。但是，奴隶，顾名思义，并不享有自由。机器呢？没有感觉或者意识的机器不需要自由。洗衣机清洗衣物，没人会担忧"剥削"了洗衣机。① 机器本来就是服务于人的。直白地说，我们是它们的主人，它们既没有能力理解它们"不自由"的现状，也没有能力去希冀更好的可能。这未必不是件好事。如果有一天洗衣机忽然"起义"，为自身的权利而斗争，要求更少的工作时间和更有意义的工作内容，我们也会多少有些愧疚之心。（当然，如果我们知道是洗衣机的内在程

---

① 一个有趣的现象学描述参见汪民安：《论家用电器》，河南大学出版社，2015年。

序让它们这样做，大抵也就一笑了之。）既然机器并没有意识，那么维持人与机器的"主从关系"很合理。[①]

问题在于，人工智能的发展或许会使得这种主从关系倒转过来。不过，这种威胁还没有迫在眉睫，当今世界哪怕最为先进的机器也没有意识或能力想要翻身做主人。但是技术乐观主义者，包括这个行业最卓越的人都预言，人工智能机器总有一天能发展出超乎人类想象的计算能力，甚至具有人类特征，例如拥有理解、体验和感觉它们的所作所为的能力。要是到了这一天，恐怕人与机器的主从关系就得倒转过来了。如果人类足够走运，那这些超级智能机器或许会与我们和谐共处，就像我们逗逗可爱的小动物那样，逗一逗我们。但如果我们没那么走运，那我们或许会被当作奴隶驱使。更惨的是，如果它们不需要或者不喜欢人类，就可能会像我们对待蟑螂那样对待我们。事情的解决方案显而易见：不要发展有意识的机器，也不要让机器具备摧毁人类的能力，因为一旦技术上实现就再也没有回头路，机器再也不可能服务于人了。

在本章第一节，我们会讨论卡尔·马克思对于高级共产主义的论述，在高级共产主义社会，机器要服务于人。儒家传统

---

① "主奴关系"的比喻或许有些危险，仿佛机器和奴隶（曾经是奴隶的人在现在看来并不应该受到非人道的对待）一样也有生命。于是我们用"主从关系"来表达一种非常固定的等级关系。

（尤其在中国语境中）也能给我们提供帮助，我们会在第二节讨论儒家传统所给予的关于中短期人工智能发展所带来的伦理挑战的启示。第三节我们会讨论，长期看来，一个由共产党领导的强有力的国家才是应对人工智能威胁的最好方式。

1. 马克思论机器

十多年前，儒家的复兴逐渐开始。2013 年，习近平主席在山东省视察期间专程到曲阜考察，仔细翻阅了《孔子家语通解》《论语诠解》。[①] 中国的中小学教材里逐渐有了更多的儒家经典内容，随处可见的"社会主义核心价值观"标语中"和谐"便是儒家推崇的价值。历经了革命与改革，中国社会依旧保存了许多以儒家思想为核心的传统价值观，人们也普遍认为优秀的传统价值观能够且应该塑造中国的未来。与此同时，马克思主义传统也在回归，无论是在官方层面还是在民间层面。大概始于 2007—2008 年全球金融危机之时，更多学者们有意识地根据马克思对资本主义的批判，来理解市场社会所存在的缺陷。习近平主席在提倡弘扬优秀传统文化的同时，一再重申中国共产党的马克思主义本质，并为各个大学提供了更多研究

---

① 参见人民网 2013 年 11 月 27 日发表的《习近平考察孔府谈儒学称要细读〈孔子家语通解〉等书》一文，https://culture.people.com.cn/n/2013/1127/c87423-23673935. html。

马克思主义的条件。

此外，高级共产主义被再度理论化。理论上，这是马克思所描绘的美丽理想：机器承担大部分劳作，国家也会"消亡"，"每个人的自由发展是一切人的自由发展的条件"。然而，高级共产主义并不能一蹴而就，贫穷的国家仍旧需要经历资本主义时期。资本主义生产方式将工人视为生产过程中的工具，而技术也只是为了小部分资本家的利益服务。但这种生产方式有个极为重要的特点：生产力（技术和相应知识）会得到大幅提高，远胜于从前任何经济体系。恰恰因为资本家互相竞争以博取利润，他们才有动力开发更为有效的生产手段，以至于物质极大丰富——共产主义才有可能到来。如果生产力不够发达，物质不够丰富，那么提前实行共产主义其实很难长久。犹如马克思在《德意志意识形态》中所说，"生产力的这种发展（随着这种发展，人们的世界历史性的而不是狭隘地域性的存在已经是经验的存在了）之所以是绝对必需的实际前提，还因为如果没有这种发展，那就只会有贫穷的普遍化；而在极端贫困的情况下，就必须重新开始争取必需品的斗争，也就是说，全部陈腐的东西又要死灰复燃"。马克思也是在这个意义上评价大英帝国在印度的殖民：印度工人确实深受剥削、饱受苦难，但是这为印度将来社会主义的推行奠定了基础。邓小平曾经在接受美国哥伦比亚广播公司记者迈克·华莱士的访谈时说道："社会主义时期的主要任务是发展生产力，使社会物质财富不断增长，人民生活一天天好起来，为进入共产主义创造物质条件……社会主义原则，第一是发展生产，第二是共同致富。我们允许一部分人先好起来，一部分地区先好起来，目的是更快地实现共同富裕。"①

众所周知，马克思有一句经典的批判："资本来到人世间，从头到脚，每个毛孔都滴着血和肮脏的东西。"但是，技术的进步仍旧使得大量劳动力免于繁重的体力劳动。（当然，劳动者经受苦役的形式也随之改变，例如"996"工作制竟然可以是"福报"。）可以想见的是，技术高度发展到某一时刻——革命的那一刻，私有财产将被废除，机器则服务于整个人类而不是特定阶级中的某一小部分人。科技将承担满足人类的沉重肉身需求相关的工作，那么人呢？人终于有可能随自己的心愿，"今天干这事，明天干那事，上午打猎，下午捕鱼，傍晚从事畜牧，晚饭后从事批判"②。不愉快的劳动将被限制在机器维修和系统维护，但这些"必然王国"中的工作不会占用工作日的大部分时间。

但是，工人们可能不愿意为了他们后代的利益而牺牲自己

---

① 《邓小平文选》第三卷，人民出版社，1994年，第171—172页。
② （德）卡尔·马克思：《德意志意识形态》，载《马克思恩格斯全集》第三卷，人民出版社，1960年，第37页。

的利益[1]：现在工人们辛勤工作，致力于提高生产力，如果工人们意识到在未来实现共产主义的计划，他们只是作为实现共产主义的手段而出现在人类进程中，那么他们或许不愿意去经受那些牺牲与辛劳。

在过去的几年中，高级共产主义的理想又逐渐成为中国政治理论家感兴趣的话题。[2] 主要原因在于，高级共产主义再度被认为有可能会实现：未必是马上，或许是未来的几十年。届时，机器可以替代人去做那些只是为了满足人类基本生理需求的工作，而人类可以从中解放出来自由发展自己。从这个角度来看，人工智能就是可预见的灵丹妙药。从中短期来看，它或许会导致百万工人失业，从而加剧不平等。[3] 然而，就像一个"有益的人工智能"（beneficial AI）的倡导者所说的那样，"尽管人们经常讨论一些工作岗位的消失，好像是什么很惨的事，但这未必就是坏事呀！［反对任何新科技的］卢德主义者执着于特定工作，完全无视还有挺多其他工作也能提供同样的社会

---

[1] 中国工人可能是一个例外。中国的劳动者总是期许甚至默认后代与未来会越来越好。《愚公移山》作为"老三篇"之一，不仅体现了中国劳动者的坚韧付出，更是明确地表达了"子子孙孙无穷匮"是他们宝贵的希望与寄托。

[2] 参见冯象：《我是阿尔法——论人机伦理》，《文化纵横》，2017 年第 6 期。

[3] 参见 "A study finds that nearly half of jobs are vulnerable to automation," *The Economist*, April 24, 2018。在中国，人口快速老龄化和劳动年龄人口收缩（由于独生子女政策）一度被视为严重的问题，然而这其实可能是一个优势，因为人工智能可以取代工厂中的劳动力，同时为老年人提供某种形式的照顾，参见 John Markoff, "Artificial Intelligence Could Improve How We Age," *The WorldPost*, October 18, 2017。

价值。类似地，那些执着于当前工作的人或许也有点狭隘：我们找工作是为了收入和意义感，但是考虑到机器所能创造的资源极为丰富，应该有可能找到工作以外的其他方式来同时提供收入和意义感"。同时也没有必要没收这些拥有机器的资本家的财产了，"如果有一天机器能够以最低的成本提供所有的商品和服务，那么显然有足够的财富可以让所有人过得更好"①。

然而，有些科学家只思考如何"定居宇宙以获得资源"，而对在通往这一高科技乌托邦路途中的失业工人漠不关心，这让人很容易反感他们盲目的技术乐观主义。但马克思本人也是倾向于技术乐观主义的。在《资本论》的《机器和大工业》一章里，马克思描绘了那些在现代工厂中饱受折磨的工人：

> 过去是终身专门使用一种局部工具，现在是终身专门服侍一台局部机器。滥用机器的目的是要使工人自己从小就转化为局部机器的一部分。这样，不仅工人自身再生产所必需的费用大大减少，而且工人终于毫无办法，只有依赖整个工厂，从而依赖资本家……机器劳动极度地损害了

① Max Tegmark, *Life 3.0: Being Human in the Age of Artificial Intelligence* (New York: Alfred A. Knopf, 2017), p.126, p.128. 公平地说，在此类声明之前已有关于技术进一步加剧了美国的不平等，以及美国政府并没有采取任何措施来应对这一趋势的广泛讨论。

神经系统，同时它又压抑肌肉的多方面运动，夺去身体上和精神上的一切自由活动。甚至减轻劳动也成了折磨人的手段，因为机器不是使工人摆脱劳动，而是使工人的劳动毫无内容……不是工人使用劳动条件，相反地，而是劳动条件使用工人。

资本家不能仅仅依靠剥削劳动力来压榨利润，他（也有可能是她）必须不断革新生产资料以保持相对于其他资本家的竞争优势。这就导致了机器的发展，新型的机器并不需要工人"被束缚在最简单的操作上"。机器变得更为繁复，资本家也必须找到并雇用能够应对这种多变复杂工作的工人：

> 大工业又通过它的灾难本身使下面这一点成为生死攸关的问题：承认劳动的变换，从而承认工人尽可能多方面的发展是社会生产的普遍规律，并且使各种关系适应于这个规律的正常实现。大工业还使下面这一点成为生死攸关的问题：用适应于不断变动的劳动需求而可以随意支配的人，来代替那些适应于资本的不断变动的剥削需要而处于后备状态的、可供支配的、大量的贫穷工人人口；用那种把不同社会职能当作互相交替的活动方式的全面发展的个

人，来代替只是承担一种社会局部职能的局部个人。①

　　一旦工人掌握了生产资料的所有权，他们就能过一种多姿多彩的生活，自由选择自己想做的工作，从不同的工作中获得乐趣，而不是被资本家强迫和压榨。在资本主义生产方式中，那些培养工人从事不同工作的学校，也将在共产主义社会中变得更为普遍。"工人阶级在不可避免地夺取政权之后，将使理论和实践的工艺教育在工人学校中占据应有的位置。"② 马克思并没有具体说明转型什么时候会发生，但是在某种意义上，较之于那些寻求长寿以等待人工智能的"奇点"降临的硅谷亿万富翁，马克思更为乐观：他匆匆写就并发表《资本论》，就是因为他觉得共产主义革命马上就会发生，他担心自己的书很快就会过时。

　　我们可以推断，对于人工智能会逐渐取代大部分单一的生产操作这一前景，马克思大概会感到激动万分，尽管他可能会要求征用所有生产资料以确保工人们从中也能公平地获利。他或许还会要求"无产阶级专政"来镇压"资本主义残余"，并确保人们的确都接受了理论与实践技能的培训，从而塑造"全面发展的个体"。然而马克思还预言，在高级共产主义中，国

---

① （德）卡尔·马克思：《资本论》，人民出版社，2004 年，第 561 页。
② 同上，第 561—562 页。

家终究会"消亡":发达的机器将生产出人类需要的所有物品，不再需要强有力的国家来保护统治阶级的利益。[①]我们将会是真正自由的、平等的、有机会发展自身各方面才能的人。

问题在于，由于历史局限，马克思没有预见机器或许能够最终超越"全面发展的人"，也没有考虑过人类（不只是工人）有可能完全被机器奴役。鉴于这种可能性，国家消亡或许是一种不明智的期待。恰恰相反，面对人工智能的高速发展，我们需要一个强有力的组织，站在人类而不是机器的一边，代表绝大部分人类的利益。这不仅仅是为了促成由"全面发展的个人"组成的社会，更是在确保人类对机器的支配地位。机器应该服务于人，而不是相反。只有一个强大的国家才能保证人的统治地位，或者最起码尽可能延长这种统治地位。我们当然希望这些远虑几百年以后才能派上用场，然而，人工智能的发展

---

① 马克思意识到可能仍然需要一个行政机构来完成类似协调和记录等任务，参见 Bertell Ollman, "Marx's Vision of Communism: A Reconstruction," *Critique: Journal of Socialist Theory* 8.1 (1977): 4–41. 但是，我们可以想象这些任务也可以由先进的机器来完成。在古希腊，可以参与政策决定的公民和施行政策的"中立"的公务员之间存在严格的区分。这些公务员往往是公共奴隶，由政治共同体（通常是城邦）所有，他们没有选择自己生活方式的自由，他们为城邦从事行政和官僚的"中立"工作，执行那些参与政治的公民协商并决定的政策，参见 Paulin Ismard, *La Démocratie contre les experts: Les esclaves publics en Grèce ancienne* (Paris: Éditions du Seuil, 2015). 当然，这一政治制度不公正的原因在于它依赖私人奴隶以及公共奴隶作为基础。在高级共产主义社会，没有必要存在一个强制性的机构，先进的机器既像"私人"奴隶那样帮助做家务，也像有文化和聪明的"公共"奴隶那样完成相对平凡却重复的行政和官僚任务，从而帮助共同体协调良好。但是，如果机器发展出自我意识以及感受痛苦的能力，这个系统在道德上就不合理了。

在当下不断给人类创造出各种新的伦理困境，我们不得不应对。对于这些新问题，我们或许可以在马克思主义传统之外寻求别的洞见，尤其是在中国语境中。

2. 儒家角色伦理的作用

我们先讨论一些马克思对于共产主义蓝图的描绘。马克思设想，未来社会机器会做大部分必要的社会劳动，每个人的基本物质需求都能得到满足，每个人都能自由地生活。但是，在这样一个共产主义社会里，有那么多自由的时间，我们到底做些什么呢？马克思本人倒没有在书里提供太多指南。他虽然是一个以高产而著名的作家，作品全集多达四十多卷，却很少讨论这个让他声名大振（对于一些人来说是臭名昭著）的话题：共产主义社会理想。如果马克思本人对于"共产主义是什么""共产主义不是什么"有更多具体的论述就好了。马克思还极力反对乌托邦的理论化，他也不想推测任何关于未来的细节。

尽管如此，在他的作品中还散落着许多诱人的段落。在《哥达纲领批判》中，他写道："在共产主义社会高级阶段上，在迫使人们奴隶般地服从分工的情形已经消失，从而脑力劳动和体力劳动的对立也随之消失之后；在劳动已经不仅仅是谋生的手段，而且本身成了生活的第一需要之后……只有在那个时候，才能完全超出资产阶级法权的狭隘眼界，社会才能在自己的旗帜上写上：各尽所能，按需分配！"这段话有助于回应今天的一些人工智能专家的担忧。有了那么多空闲的时间，我们怎么保证人们不会陷入酒池肉林的享乐主义？或许我们并不一定喜欢整天玩电子游戏，但是如果人工智能可以提供超乎我们想象能力的刺激，而让我们沉沦其中呢？马克思提醒我们，如果我们得到适当的训练——高级共产主义国家提供给我们有关实践技能和理论知识的教育，那么我们将有动力来实现我们的创造力，真正去创制美的作品。我们工作不是为稻粱谋，而是因为我们热爱自己的工作。创造的冲动将会成为我们的"第一需要"，我们可以从任何劳动中获得满足，无论这劳动是需要动手，还是需要动脑。

马克思认为创造性工作能够让每个人成为自己，让每个人都能发现并实现自身的独特性。在高级共产主义社会中，我们都能够实现这一理想。在《资本论》中，马克思提供了一个著名的例子："蜘蛛的活动与织工的活动相似，蜜蜂建筑蜂房的本领使人间的许多建筑师感到惭愧。但是，最蹩脚的建筑师从一开始就比最灵巧的蜜蜂高明的地方，是他在用蜂蜡建筑蜂房以前，已经在自己的头脑中把它建成了。"这个例子可能有点误导性，因为建筑师实际上并没有一砖一瓦地参与建造过程（创造性烹饪或许是个更好的例子），但关键是我们都能有机会充分发挥自己的才能。在《德意志意识形态》中，马克思提供了一个更为详细（也更经常被引用）的例子："在共产主义社会里，任何人都没有特定的活动范围，每个人都可以在任何部门内发展，社会调节着整个生产，因而使我有可能随我自己的心愿今天干这事，明天干那事，上午打猎，下午捕鱼，傍晚从事畜牧，晚饭后从事批判。"这个例子听起来还是有点奇奇怪怪的，因为打猎、捕鱼、畜牧似乎都是技术尚未高度发展的社会中典型的生产活动。但是，重点不在于我们会回到"原始"生活，也不在于我们要放弃专注、深入地探索一个特定领域，而到处胡乱"开发天赋"。恰恰相反，马克思认为，在高级共产主义社会中，我们并不是为了谋生才去专门从事某个职业，而是我们将会做自己想做的事情，这涉及我们做那些具有创造性的工作的能力。因此，我们或许不必太过担心。在高级共产主义社会，人类拥有很多为我们服务的人工智能机器从而免于被迫劳作，解放出来的人未必直接堕落到浪掷光阴，他们或许会尽力发掘自身的天赋。

然而，对于儒家来说，马克思对于人类未来美好生活的描述倒是过于狭隘了。当然，创造性工作是人之为人的一个重要标志，但它总是人类生活的首要需求吗？难道每个人都一定得从事创造性工作吗？或者说，难道过一种服务于其他人的生活——哪怕这种工作没什么特别的创造性，比如照顾小孩或者照料病人这类需要极大耐心却未必很有创造性的工作，就不算实现自我吗?

从这个角度来说,儒家恰恰强调美好生活首先并且尤其在于丰富多样的人伦关系。这不光是一种描述我们的身份认同总是被我们所属的各种共同体所塑造的老生常谈,而是一个规范性的伦理主张,即人的福祉在于人伦关系,而我们有义务投身于这些关系。在现实生活中,儒家总是把人的伦理生活(未必是创造性工作)放在最重要的位置。儒家的核心著作《论语》也主要在谈论我们应该如何与他人发生联结。一方面,他人(而不是物)是我们主要的幸福源泉,就像《论语》的著名开篇那样:"有朋自远方来,不亦乐乎?"另一方面,我们享乐的限制主要源自对他人的责任,而不是对于神或者超人类人工智能(Superhuman AI)的责任。这种关于他人的道德始于家庭内部成员间的互动,逐渐向家庭外部扩展开去,"老吾老以及人之老,幼吾幼以及人之幼"。《大学》的开篇就提到如何规范一家、一国乃至天下:"身修而后家齐,家齐而后国治,国治而后天下平。"儒家关于我们对动物和自然界的义务讨论得并不算多(尤其跟道家的伦理传统比起来),但孟子还是指出了生态可持续的生活方式的重要性。① 无论如何,今天任何

---

① 《孟子·梁惠王上》:"不违农时,谷不可胜食也;数罟不入洿池,鱼鳖不可胜食也;斧斤以时入山林,材木不可胜用也。谷与鱼鳖不可胜食,林木不可胜用,是使民养生丧死无憾也。养生丧死无憾,王道之始也。"孟子对于自然的主张,结合并且落实于孝悌这样的基本人伦大义。

对儒学的恰当诠释都指出，人类只有在生态可持续的生活方式（其中包括人跟动物的健康关系）下才能兴旺繁荣。换言之，人类福祉的关键在于家庭、社会（或国家）和国际世界（意味着国家之间）的内部关系，以及人与自然的关系。

那么，哪种伦理关系最重要呢？在儒家伦理框架中，一些最重要的人伦关系也会分出主次：我们对那些跟我们最亲近的人负有最强的伦理义务，关系越远，义务的强度越低。我们确实有义务将爱延伸到亲近的关系之外，但是要求一个人怀着浓烈的情感和深厚的责任感来对待陌生人，犹如对待他的亲人那样，这本身是一种很不自然的伦理强求。在儒家看来，家人之间相互关心与爱护的义务应该远远高于公民之间，而公民之间的情感和义务又应该高于公民与外国人之间，而人类之间的情感纽带则应该远强于人与非人类生命形式之间。

至此，儒家对于美好生活的观念跟马克思对于人类未来的展望之间呈现清晰的对比。马克思主义者重视人的创造性能力，而儒家则着重于在复杂的人伦关系中塑造主体。从某种意义上来说，两种传统都是合理的：在高级共产主义社会中，我们有机会发展我们的创造性能力，同时维护和投入那些我们珍视的人伦关系，更少地挥霍时间在无聊且残暴的游戏上。但是这两种传统在一些重要的方面确实存在冲突。从儒家的角度来看，马克思主义传统过分依赖自由选择的价值。我们想要做什么工作就做什么工作，而不是资本家"主人"让我们做什么，我们就不得不做什么。毋庸置疑，这当然是好事。但同时，我们也要尽最大努力防止人工智能取代资本家来使唤我们。①

事实上，一些我们最在意的依恋关系并不是出于我们的自由选择。我们对父母负有义务，对政治共同体负有义务——包括理解和尊重共同体的历史和传统，这些跟我们喜不喜欢没太大关系。我们处在特定的伦理关系中，扮演着特定的社会角色，而这些构成了我们的身份认同，我们需要尽最大努力来让自己在与这些伦理关系相应的伦理角色中茁壮成长。就像安乐哲所说的那样，儒家思想在于"促进一种相互依赖的关系"②。这并不是说个人完全没有选择的余地，我们仍旧需要仔细考虑，在我们的自我认同中，哪些共同体纽带是构成性的，哪些是偶然性的，以及如何平衡它们。③不过，从儒家的角度来看，有些联结确实是没有选择余地的。

这种"没有选择余地"的说法并不只是理论而已，它也传

---

① 值得注意的是，与马克思主义传统不同，儒家传统认为国家是永久的需要。在《礼记》对于"大同"世界的描述中，作为儒家对于人类社会的最高理想，"选贤与能"的政治体制至关重要。

② Roger T. Ames, *Confucian Role Ethics: A Vocabulary* (Honolulu: University of Hawai'i Press, 2011), p.261.

③ Daniel A. Bell, "Roles, Community, and Morality: Comment on Confucian Role Ethics," in *Appreciating the Chinese Difference: Engaging Roger T. Ames on Methods, Issues, and Roles*, ed. Jim Behuniak (Albany: SUNY Press, 2018).

达出深受儒家传统影响的东亚社会中人们日常的、根深蒂固的信仰。与之相反，在西方比较常见的观点是源于自由主义／马克思主义的个人自主价值优先，一个人一旦到了理性年龄（西方普遍认为是 18 岁左右）就应该选择自己是继续扮演某个角色，还是不再理会它。在西方，一个人可以选择成为一个孝顺的子女，但如果他／她不打算这么做，也不至于被左邻右舍、亲戚朋友认定犯了什么滔天大罪。然而在东亚社会，这种构成性的关系就完全超出了个人选择范畴：一个人不能也不应该不孝顺。说得夸张一点，无论碰上了怎样的父母，被父母如何对待，一个人都得一辈子（以恰当的方式）孝顺父母[①]。在东亚社会，通过法律来强制执行孝道并没有引起特别大的争议[②]，就像西方社会有严格的法律要求家长照看儿童一样。在东亚社会，老有所终，幼有所长，这是同等重要的价值。简而言之，构成性的关系限制了我们的"个人自由"，哪怕是在更高级共

---

① 孝顺本身要求子女在实际生活中运用极高的实践智慧来处理和父母之间的关系，但是在日常生活中，孝顺经常被曲解为一种在《孝经》中都不存在的极端愚孝（因为简单易行）。这种极端愚孝近年来在中国引起了一些别样的反应。

② 参见 Daniel A. Bell, *Beyond Liberal Democracy: Political Thinking for an East Asian Context* (Princeton: Princeton University Press, 2006), ch.9。在中国新的社会信用体系中，对孝道的履行程度会影响一个人的得分。（当然，这种政策放在西方社会会引起轩然大波，因为在这些社会中，孝道并没有那样重要的地位。）

产主义社会里。① 我们可以选择我们乐意做的工作，但我们不能选择那些塑造了我们自身认同的人伦关系，也无法回避那些相关的情感和义务。

因此，从儒家角度来看，我们的政治共同体可以也应该鼓励发展人工智能，这样我们可以更好地投入那些构成性的社会人伦关系。例如，如果人工智能让我们从社会必要的工作中解脱出来，我们就更有时间来陪伴父母、照顾孩子。但是，如果人工智能的发展会破坏我们的构成性关系，在儒家看来，我们就不应该大力发展这种人工智能。例如，发展那种可爱的机器人来照顾老年人就显得很没必要，因为如果机器人照料老人达到普及状态，成年子女照顾年迈父母的义务似乎就不存在了，年迈的父母会认为机器人（而不是子女）在真诚地关心他们，他们也会更依赖机器人而不是他们自己的子女。② 我们可以认

---

① 限制的概念暗示了封闭而不是开放的可能性，但是事实可能刚好相反，正如对语言的限制有时候会促生很多创造性的词汇（否则人类的声音将是随机而无意义的），对角色的限制也可能激发我们表达自身的创造力，参见 Henry Rosemont, Jr., *Against Individualism: A Confucian Rethinking of the Foundations of Morality, Politics, Family, and Religion* (Lanham, MD: Lexington Books, 2015), p.16, pp.103–104。

② 参见罗定生、吴玺宏：《浅谈智能护理机器人的伦理问题》，《科学与社会》，2018 年第 1 期。从好的方面来说，一个很有可能的情况是，人们将"消除一些繁重的护理任务，并减轻从需要照顾的人身边抽离出来的倾向。机器人护工的介入可以促进家庭团结，帮助人们改善其他的人际关系，因为人们不会受到这些令人不愉快的任务的影响"。参见 Jason Borenstein and Yvette Pearson, "Robot Caregivers: Ethical Issues across the Human Lifespan," in *Robot Ethics: The Ethical and Social Implications of Robotics*, eds. Patrick Lin, Keith Abney, and George A. Bekey (Cambridge, Mass.: The MIT Press, 2014), p.261。

为，一种现代化的和可辩护的儒家价值观可以而且应该为人工智能设定一些标准，让我们能够区分哪些是更值得发展的，而哪些是我们不应该去发展的。让我们来讨论一个具体的例子：由人工智能驱动的自动驾驶汽车的发展。

会礼让的汽车

开车一直是一件具有象征性的事情。在精神分析中，一个人梦见开车是非常值得讨论的。坐在谁的车里，谁开着车，去向何方，这些都是需要仔细分析的细节。可以想见，几十年后，这些经典分析也会有所改变，因为届时我们的城市和高速公路随处可见无人驾驶汽车，多伦多等城市已经开始在一些特殊的区域试用无人驾驶汽车。[①] 自由主义的个人主义者大约会抱怨无人驾驶汽车会破坏驾驶汽车所带来的个人自主感，然而由人工智能驱动的无人驾驶汽车的优势极其明显：它们能够以极为安全有效的方式带我们出行。相比之下，驾驶汽车所带来的个人自主感或许就不那么值得捍卫了。（个人自主感不必非要通过开车才能获得！）从马克思主义的角度来看，除非从事专业赛车，驾驶算不上什么有创造性的工作，最好把这种沉重无趣的驾驶任务留给机器，这样人们可以有更多时间来发展自己的创造才能。从儒家的角度来看，最好完全将注意力集中在与亲

---

① Ian Austen, "City of the Future? Humans, Not Technology, Are the Challenge in Toronto," *New York Times*, December 29, 2017.

近的人的和谐关系上，例如跟父母视频聊天或者陪孩子做游戏，而不是浪费时间开车。当然，还是有很多人愿意自己开车，享受把握方向盘的乐趣，比如对于刚刚拿到驾照的年轻人，驾驶仍旧是非常新鲜有趣的事。但最起码在可预见的未来，我们不必让所有人开车。

在汽车编程中，除了个人自主感，对道德价值的再探索也很重要。关于无人驾驶汽车的大部分理论争论都围绕着所谓的道德困境，比如刚放学的小学生突然跑到了汽车跟前（刚放学的小学生为什么要突然跑到汽车跟前？），汽车的驾驶程序是不是应该决定牺牲车里的人，然后把车往树上撞（为什么除了往树上撞没有别的选择？为什么撞了树，车里的人就得死？不是应该开发更安全的保护措施吗？）。但是，究竟有多少人开车的时候真的遇到了这种困境？恐怕几乎没有。这些"道德困境"都是"电车难题"的变型，在"电车难题"中，变轨会杀死一个人，不变轨会杀死五个人，不管怎么选都会杀人。我们一般不会根据这些"思想实验"来制定规范，比如阻止人们把窗户做得那么大，以防黑手党暴徒往窗外扔尸体。

从儒家的角度来看，这些"道德困境"需要通过更多的情境知识来解决，但有时候再多的情境知识也不能解决问题，比如中国男性受到的"灵魂拷问"之一就是："你妈和你女朋友同时掉进水里，你救谁？"这个问题令人非常为难。可见，当生命受到威胁的时候，哪怕在深受儒家思想影响的社会中，儒家伦理也未必是最重要的伦理依据。关于无人驾驶汽车的编程，我们也需要探索义务论维度（对生命的无条件尊重）以及功利主义视角（最多数人的最大幸福）。此外，我们认为自动驾驶并不意味着人会失去任何自主能力，司机始终保有比机器更高的权力。假如司机愿意牺牲自己的利益来应对突发事件（如果我们对人性仍然有善意的期待）并对系统做出命令，那么系统应该执行这样的利他命令。可以想见自动驾驶汽车系统会创造无数困难的案件，对此学术界需要有更多的理论准备，而不是回避新的实践经验。幸运的是，哲学家们比政策制定者更关心这种极端的异常情况。在更为日常的场景中，儒家伦理可能会发挥更重要的作用，尤其是在深受儒家传统影响的社会中。

阿米塔伊·埃齐奥尼和奥伦·埃齐奥尼最近发表了一篇发人深省的文章——《将道德融入人工智能》，其中也讨论了无人驾驶汽车。[1] 他们假设"汽车和其他机器一样，都是没有情感的工具，不能感受痛苦或者羞耻，它们被创造出来就是为了服务于人的"。因此，问题在于如何使这些工具（或者说没有意识的"奴隶"）以一种受到道德约束的方式运行。至少，他们认为无人驾驶汽车的程序必须遵守当地法律，"例如，汽车

---

[1] Amitai Etzioni and Oren Etzioni, "Incorporating Ethics into Artificial Intelligence," *The Journal of Ethics* 21.4 (2017): 403–418.

必须停在有停车标志的地方"。除此之外，作者认为无人驾驶汽车的伦理抉择应该是每个人的个体选择。他们设想：

> 一种新的人工智能程序将"读取"所有者的道德偏好，然后指示机器去留意它们。我们称之为道德机器人。一个道德机器人可以分析成千上万条只跟一条特定个体的行为相关的信息（不仅包括互联网上的公开信息，也包括个人电脑以及其他设备中储存的信息），从而确定一个人的道德偏好……比如，一个人如果经常购买再生纸，驾驶丰田普锐斯，向塞拉俱乐部捐款，热衷本地食物，从来不买一次性塑料杯，那么道德机器人会得出结论：这个人非常在意环境保护。进而，机器人会指示这个人的无人驾驶汽车只使用环保燃气，只在气温很高的时候才运行空调，并且在汽车停下来的时候关闭发动机。

这个设想听起来不错，但问题不少。很明显的一点是，这个设想基于本身就很有争议的个人主义假设。首先，未来的无人驾驶汽车很可能是由社区所共有，而不是个人所独有。其次，如果将驾驶习惯留给每个人的"道德机器人"来决定，那很有可能会让路况变得更差，尤其是那些本来就有很多横冲直撞的司机的城市。如果张三的道德机器人判断他一直在限定的速度内驾驶，但是从来不礼让别的车或者行人，而李四的道德机器人判断他更愿意礼让别的车和行人，那么当他们的车在十字路口碰见，又没什么明确的规定让谁先走，机器人将一直让李四的车礼让张三的车，这难道是公平的吗？显然不是。为了实现尊重与礼让，这必须是相互的。如果一个人一直礼让着另一个人，而另一个人目无他者，那么哪怕是再愿意礼让的人也会觉得受到不公平的待遇，进而改变他的行为习惯（既然礼让总是被别人视为理所当然，那何必非要那么礼让呢），整个社会将会越来越不讲究礼让。

更何况按照这个设想，人的道德偏好可以被采集并且被识别，这本身就值得再三推敲。首先，数据收集的是个人习惯，而很多习惯未必有道德内涵，个人习惯与道德偏好之间存在根本差异。其次，一个人的很多生活习惯从道德的角度看可能是相互冲突的，就像上述例子里的人看似是一个环保主义者，但他（或许由于家族的习惯）可能是个皮草爱好者，这时候机器人应该如何判断呢？最后，很多生活习惯可能与道德无关，但并不是好习惯，就像有的人只吃面包皮，不吃面包心，或者只要稍微觉得热或者冷就要开空调（意味着他可能比较浪费），那么机器人应该纵容这些恶习吗？

更根本的是，也许这样一种个人主义的道德决策方式可能适用于具有强烈自由至上主义色彩的政治共同体[1]，但是在深受儒家伦理影响的社会（强调个人在道德模范和政府偶尔的家长式作风的指导下不断完善自我道德）中就显得颇为奇怪[2]。如果政府"强制"自动驾驶汽车被编程为更加相互礼让，这难道有错吗？至少，儒家会争论说，让我们把汽车的默认选项设置成更倾向"礼让"吧。对于那些不文明开车的司机来说，坐在这种文明礼让的自动驾驶汽车里会是一个很好的经验。或许在某些情境下自动驾驶系统也可以选择不礼让，例如在某些紧急时刻，汽车需要尽快把人送到医院。不过汽车也可以（比如通过闪光灯）让其他司机知道它处在紧急状态，不得不急速行驶。这种论证在自由至上主义色彩强烈的美国背景下听起来可能有点奇怪，但是在认同儒家价值观的社会里，它们的接受度

---

[1] 讽刺的是，无人驾驶本身其实是反个人主义的。当无人驾驶汽车上路的时候，它背后所拥有的信息来源是整个网络。当我们想象驾驶系统做决策的时候，是以个人的角度去想象机器，然而驾驶系统却不是个体。个体的经验肯定是有限的，而全网络的经验集合则远远突破了个体的有限性。从这个角度来说，无人驾驶汽车的系统在遇到任何问题的时候，并不是基于这辆车的驾驶经验来做出判断，而是综合所有的网络经验来做出判断，参见李彦宏等：《智能革命：迎接人工智能时代的社会、经济与文化变革》，中信出版社，2017年，第182页。就驾驶这件事来说，个人的道德偏好对于无人驾驶系统并不总是有特别的意义，除了在生死的危险关头，有的人愿意牺牲自己来保全他人。

[2] 同样有点奇怪的是，阿米塔伊·埃齐奥尼最起码应该论证为什么要将法律范围之外的道德决策全部留给个人，毕竟作为一个社群主义者，他在早期作品中对自由至上主义者进行过很有力的批评，参见 Amitai Etzioni, *The Spirit of Community: rights, responsibilities, and the communitarian agenda* (New York: Crown Publishers, 1993)。社群主义者不是应该更乐于促成具有社会责任感的行为（只要基本权利没被侵犯）吗？

会很高。

我们并不是建议中国各地应该使用融入儒家价值观的统一代码来编程汽车。在曲阜，运用礼让的价值观来编程汽车就显得理所当然。[①] 但在拉萨这种佛教城市，自动驾驶系统就要被编程为更尊重一切生命的神圣性，例如汽车可以被编程为以最低速度驾驶，从而减少对各种动物生命的威胁。一个比较笼统的观点是，如果我们要将道德融入人工智能，那么在特定社区被广泛认可的社会规范将起决定性作用。这些社会规范旨在提升公民的道德行为，而不是纵容那些最不文明的公民（哪怕他们并没有犯法）。在不同的背景下，这些社会规范也可以适当进行微调。[②]

这些是中短期内我们需要担心的问题。从长期来看，我们需要担心超人类人工智能所带来的生存威胁。我们接下来谈谈这个话题。

---

① 孔新峰、贝淡宁：《曲阜：儒家文化之城》，载《城市的精神2：包容与认同》，重庆出版社，2017年，第52—85页。

② 在城市推广居民广泛认可的良好生活概念或许更为合理：（1）大部分国家都有好几个大城市，而它们各自的精神气质并不一样，这样公民可以自行选择在更接近自己对美好生活的认识和设想的城市学习、工作和居住；（2）城市没有军队（除非是城市国家，例如新加坡），所以他们不太可能强迫非主流城市居民认可主流价值观和生活方式；（3）相对于农村和小城镇，城市往往更为开放和包容，因此非主流城市居民不至于受到非正式的社会压力，参见 Daniel A. Bell and Avner de-Shalit, *The Spirit of Cities* (Princeton: Princeton University Press, 2011)。因此，城市（而不是国家）更适合参与规划自动驾驶汽车的主导价值。我们可以预见未来耶路撒冷（而不是特拉维夫）的汽车将被编程为更尊重宗教生活方式，蒙特利尔（而不是多伦多）的汽车程序的默认语言是法语（可以将英语作为备选项），等等。

3. 未来的人工智能国际竞赛

人工智能研究的圣杯是超级人工智能（ASI），尼克·博斯特罗姆将其定义为"在几乎任何领域，不论是（特定领域的）科学创造力、常识，还是社交技巧，都远比最优秀的人类大脑聪明的智能"[1]。说实话，这很容易让人联想到"神"这个词，但是谁也无法保证超级人工智能是否仁慈，更别提这种超级人工智能是否为人类服务。我们的担忧不仅仅是超级人工智能会发展出意识并且决定逆转人类和机器的主从关系。即使没有意识，超级人工智能也可能对人类构成生存威胁。博斯特罗姆提出过一个著名的超级人工智能的例子，即"回形针量产机"：这个超级人工智能被编程为专门制作回形针，它就会缓慢而坚定地把整个世界、整个宇宙的所有资源转向只为这个单一目标服务。[2]

如果我们往好处想，硅谷的科技精英，尤其是研究人员，可能出于对追求科学真理的热爱而反对一切限制他们"追求真理"的举措。他们可能会将阿西洛马人工智能原则中所提到的"广泛认可的伦理观念"诠释为对真理的无限追求。很多科学家或许真的持有这么一种准柏拉图式的信念，也就是真和善在

---

[1] Nick Bostrom, "How Long before Superintelligence," *International Journal of Futures Studies* 2 (1998) , https://nickbostrom.com/superintelligence.html.

[2] Nick Bostrom, *Superintelligence: Paths, Dangers, Strategies* (Oxford: Oxford University Press, 2014), p.123.

某种深刻的、神秘的层面相交①，因此对真的探寻无须外加任何规范。② 比如谷歌的创始人多半是受到某种理想主义的鼓舞，致力于追求科学真理："谷歌不断膨胀的投资组合的核心是一项总体规划：公司想创造出能够复制人类大脑的机器，下一步则是超越人类大脑。公司进行的所有尝试——建立完整的全球知识数据库，将算法训练得善于发现规律，让算法学会识别图像、理解语言——本质上都以此为目标。"③ 大多数人都挺乐观，好像很少有人担心，甚至极少有人意识到会出大问题。就像谷歌的联合创始人谢尔盖·布林所说的那样，"如果世界上所有信息都能直接连接到你的大脑，或是人工大脑比你原来的大脑更聪明，那你肯定会变得更好"，"也许未来我们可以把一个迷你版谷歌直接插进你的大脑"。④ 这种令人瞠目结舌的盲目乐观或许能让我们理解，为什么一旦有一点关于监管谷歌活动的苗头，谷歌就立刻表达出强烈的敌意。

---

① 佛教思想也认为，形而上学的真和善在某种深刻而神秘的层面有所交汇，参见 Robert Wright, *Why Buddhism Is True: The Science and Philosophy of Meditation and Enlightenment* (New York: Simon and Schuster, 2017), p.229。佛学在硅谷技术人员当中颇具影响力，这大概也不是一个巧合。
② 公平地说，对于人工智能所需要的规范管理的评估或许也取决于对于某些风险的评估。一个中国的科学家告诉贝淡宁，我们需要允许人工智能开发不受管制，因为我们需要人工智能的帮助来抵御来自外太空的超级智能入侵者。
③ （美）富兰克林·福尔著，舍其译：《没有思想的世界》，中信出版社，2019 年，第 22—23 页。
④ 同上，第 27—28 页。

同时，巨大的经济利益也危在旦夕。谷歌终究效忠其股东，而不是整体人类，一旦与赚钱的目标有出入，谷歌也不太可能放弃追求利润这一金律。谷歌甚至为盈利而采取可疑手段，比如践踏版权法，未经许可使用用户数据来投放定向广告，后者包括使用谷歌并不缴税的国家的数据。[①] 更令人担心的是，谷歌正在全力推进一个"类似于阿波罗登月计划的项目……叫作谷歌大脑"[②]。2016 年，谷歌花了将近 125 亿美元用于研发，并且聘请了世界上最为优秀的人才，包括学术界的顶尖教授（对于学生来说，这无异是一种剥夺，他们再也没有机会在大学里跟随这些教授学习）。如果谷歌先于其他竞争对手研发出通用人工智能（AGI），情形又将变得如何呢？如果股东偏向于将技术运用于追求短期利润，那么我们其他人当然会担心潜在的滥用，比如我们与机器的主从关系就有可能倒置。硅谷的亿万富翁雇用的技术专家们正在通过计划殖民其他的星球和寻求长生不老的灵药来对冲他们的赌注，但这不能提供我们普通人任

---

① 在谷歌的联合创始人还在斯坦福大学上学的时候，他们反对广告资助的搜索引擎，因为他们认为这太偏向广告商，会远离消费者的需求，但是"他们早就把自己的真知灼见抛到了九霄云外"。参见（美）富兰克林·福尔著，舍其译：《没有思想的世界》，中信出版社，2019 年，第 188 页。

② 同上书，第 41 页。亦可参见 Jonathan Taplin, *Move Fast and Break Things: How Facebook, Google, and Amazon cornered culture and undermined democracy* (Boston: Little, Brown and Company, 2017)。

何安慰。① 讽刺的是，带给我们这个星球最大威胁的是一个座右铭曾为"不作恶"②的公司。

对此，我们还有什么选择？最理想的情况是促成全球共识——这种共识来自不同国家和文化对于规范管理人工智能的需求的广泛协商，使得人工智能不会对人类构成生存威胁，并且形成一个可行而恰当的全球制度来应对人工智能可能导致的危险。③ 相关倡议无论来自政府还是来自民间社会都值得支持。从这个角度来说，我们也有理由保持一点点乐观。《蒙特利尔破坏臭氧层物质管制议定书》就是一个成功的例子，这是一个旨在对抗人类（和自然界）面临的共同威胁的全球行动。④ 尽管难免会有一些漏洞，但我们已经设法规范核武器的开发和人

① 几年前，在斯坦福大学有一个小型研讨会，参与者都是一流学者和技术精英，贝淡宁在研讨会上和一位不愿透露姓名的某技术公司的创始人进行了讨论。这位对话者确实担心"邪恶"的人工智能可能会对付人类，但是他乐观地认为有些人可以通过殖民其他星球来逃离地球。然而，从长远的角度来看，这位亿万富翁意识到无论我们走到哪里，这个超级聪明的人工智能总能捕到人类。因此他一直约束自己奉行素食主义，他解释说，我们应该善待动物，为人工智能设立好的榜样，这样有朝一日人工智能的权力大过人类时，它们也能善待我们。贝淡宁告诉他自己的写作计划，说要维持我们与机器的主从关系，这位亿万富翁立刻就警告贝淡宁，如果他真的写这样一本书，他或许就是这些强大的人工智能首要要对付的对象。这位亿万富翁认为这些情景很快就会发生，最起码他在有生之年能够见到这场面。

② 出于某种原因，这个非官方座右铭在 2018 年 5 月被从谷歌的行为准则中删除。

③ 感谢肖恩·奥海吉尔泰格（Seán Ó hÉigeartaigh）在 2018 年 3 月 17—18 日北京大学博古睿研究中心举办的题为"人工智能、机器人和社会"的研讨会上的讨论。

④ https://www.epa.gov/ozone-layer-protection/international-actions-montreal-protocol-substances-deplete-ozone-layer.

类克隆的研究。同时，我们在气候变化方面尽管遇到了一些挫折，但取得了很多进展。

相比之下，规范人工智能的研发可能更具挑战性。我们对于监管人工智能的必要性远远未能达成全球共识：与气候变化的科学共识形成鲜明对比的是，专家们对于计算机何时能够全面模拟人类智能还远未达成全球共识，有些人甚至振振有词地消解整个问题。[1] 如果专家都没有达到全球共识，那很难想象我们会展开任何全球的监管行动。更令人担忧的是，与核武器研发相比，监测人工智能的研究其实更为困难。不同国家的人工智能研究都在激增，这或许需要一个持续的、大规模的全球协作系统来进行监管。即使这一系统在一个国家取得成功，其他国家也未必会参与，因为这涉及政治竞争。正如俄罗斯总统普京所言，人工智能"不仅是俄罗斯的未来，而且是全人类的未来……它蕴含着巨大的机遇，同时也带来难以预测的威胁……无论谁成为这个领域的领导者，都将成为世界的统治者"[2]。所以谁能占领先机，实在是最重要的问题。

简而言之，最佳方案或许是最不可能实现的方案，我们还是需要考虑可行的第二（或者第三）最佳方案。更有可能的是，

---

[1] Meg Houston Maker, "AI@50: First Poll," https://web.archive.org/web/20140513052243/http://www.megmaker.com/2006/07/ai50_first_poll.html.

[2] David Meyer, "Vladimir Putin Says Whoever Leads in Artificial Intelligence Will Rule the World," *Fortune*, September 4, 2017.

一个组织将占据全球领先地位。如果我们不希望谷歌成为世界统治者，那么我们应该期待一个致力于全人类福祉的非营利组织。无论我们如何看待美国的外交政策，美国政府都不太像是一个好的选择。2016 年 10 月，奥巴马政府签署发布了一份题为《为人工智能的未来做好准备》的报告，其中提到超级智能机器可能会造成"浩劫，最好的情况是人类再也不能控制自己的命运，最差的情况则是人类灭绝"，但是这份报告的结论是"对于超级通用人工智能的远虑不该对当前政策有大的影响"。① 该报告确实讨论了对自动驾驶汽车等人工智能产品的监管，但毫不奇怪的是，特朗普政府没有发布任何更进一步的政策来监管人工智能研究。在较低级别的政府中，情况看起来也并不乐观。2017 年 7 月，特斯拉公司首席执行官埃隆·马斯克在参加全美国州长协会的会议时发表讲话，呼吁成立一个监管机构以便深入了解并规范高速发展的人工智能研究，他说："现在政府对此甚至一点洞察力也没有……一旦人们有所意识，将会极度害怕，当然了，他们本来就应该害怕。"但他被亚利桑那州州长道格·杜西抢白了一顿，杜西说："我还真觉得奇怪，您建议我们在还搞不清我们要对付的是什么的时候，就要去监管

---

① Executive Office of the President, "Preparing for the Future of Artificial Intelligence," https://obamawhitehouse.archives.gov/sites/default/files/whitehouse_files/microsites/ostp/NSTC/preparing_for_the_future_of_ai.pdf, p.8.

它。"① 即使美国未来的政治领导人对人工智能研究的规范监管能够更上心，我们也确定硅谷将会不计一切代价反对监管。

那还有什么选项呢？创新工场近年的一份报告指出，中国正在大力发展人工智能领域。② 中国很可能赢得这一领域的国际竞赛。与美国一样，中国也有推崇企业家的文化，并在全球技术创新方面实现了巨大飞跃。③ 此外，中国还有两个优势。首先，中国"拥有丰富的数据来训练人工智能学习算法，因为它有庞大的互联网用户群体——超过 7 亿人。无论是收集和分析人口统计、交易与行为的大数据，还是在远远优于国外同行的条件下进行大规模试验，中国蓬勃发展的移动互联网生态系统为人工智能研究人员提供了绝佳的测试平台"④。其次，中国政府能够而且确实采取长远的眼光，"支持人工智能作为战略领域，相关的高层政策不仅包括制定有抱负且可量化的目标，还包括部门间相互协调，政府提供研发经费，支持工作场所的

① Tim Higgins, "Elon Musk Lays Out Worst-Case Scenario for AI Threat," *The Wall Street Journal*, July 15, 2017.

② Ian Bremmer, "China embraces AI: A Close Look and a Long View," *Sinovation Ventures*, December 2017.

③ Rebecca Fannin, "China's Secret Goal Is to Crush Silicon Valley," *CNBC*, May 22, 2018.

④ Edward Tse, "Inside China's quest to become the global leader in AI," *The WorldPost*, October 19, 2017. 亦可参见 Kai-Fu Lee, *AI Superpowers: China, Silicon Valley, and the New World Order* (Boston: Houghton Mifflin Harcourt, 2018)。

扩展，当然还为全球合作和发展提供建议"①。中国政府的宗旨是为人民服务，它的目的在于引导研究活动和经济活动，使其不至于威胁到人类福祉，而对人类福祉的威胁就包括对人类主导地位的潜在的长期挑战。2017 年 3 月，中国政府宣布成立一个国家支持的人工智能实验室，专注于研究深度学习，这被广泛认为是超级人工智能的先导。2017 年 7 月，《新一代人工智能发展规划》提出了"三步走"战略，以便在 2030 年实现人工智能产业竞争力达到国际领先水平。

世界其他地区可能担心中国会凭借人工智能发展出极强的经济、政治和军事力量以至于可以统治世界。但是，统治世界和帮助世界来应对全球挑战，是两码事。中国政府可以在人工智能的监管方面起到带头作用。2017 年 11 月，中国举办了中国共产党与世界政党高层对话会，来自 120 多个国家的近 300个政党和政治组织领导人共 600 名中外方代表（贝淡宁作为独立学者也被邀请参会）参加。习近平主席向与会代表发表讲话，敦促他们关注人类的共同命运。他援引了"天下一家"和"天下大同"等古老的政治理想，强调了文明的多样性，并强调中国不"输出"中国模式。此外，习近平也在很多讲话中强调，我们要专注于建设美丽的地球。2021 年 1 月 25 日，习近

---

① Yujia He, "How China is Preparing for an AI-powered Future," *Wilson Briefs* 20 (2017)：1.

平在世界经济论坛"达沃斯议程"对话会上的特别致辞中提到:"地球是人类赖以生存的唯一家园。"[①]

让我们假设中国在 2030 年赢得人工智能研发的竞争,同时致力于马克思主义与儒家价值观的传播,以及对人类福祉的追求。如果中国在国内监管人工智能研究,而谷歌等公司继续对有可能逆转人与机器主从关系的超级人工智能进行莽撞研发,那将是一场惨淡的胜利。中国不仅要在本国,而且要在世界范围规范人工智能研究。这并不意味着中国会监视或禁止某些类型的人工智能研究,而是确保人工智能研究不会威胁到人与机器的主从关系。方式可以是"先礼后兵",首先规范中国的人工智能研究,并且以这一积极的经验来倡导世界上其他国家对人工智能研发进行监管。其次,中国可以通过经济激励等手段来说服其他国家加入有关人工智能监管的国际协议。最后,如果这些努力因为谷歌等公司的阻止遭到失败,那么中国应该考虑经济制裁。希望人类的运气不会太坏,在此我们只能谨慎而乐观地寄希望于人性中的善与智慧。

---

① 参见求是网《习近平:共同守护地球家园》一文,http://www.qstheory.cn/zhuanqu/2022-04/22/c_1128586770.htm。